La simplicité volontaire,

plus que jamais...

Serge Mongeau

La simplicité volontaire,

plus que jamais...

Édition revue et augmentée

MONTRÉAL

Révision : Colette Beauchamp et Nicole Daignault

Typographie : Pierre Wyrsch

Illustration de la couverture : Gabrièle Fontana

Responsable de la production : Pierre Wyrsch

C.P. 32052, succ. Les Atriums

Montréal, Québec, H2L 4Y5

Dépôt légal :

1er trimestre 1998

ISBN : 2-921561-39-5

Diffuseur en Amérique :	*Dimédia inc.* 539, boul. Lebeau Saint-Laurent (Québec) H4N 1S2
en Belgique :	Les Éditions *EPO* 20A , rue Houzeau de Lehaie 1080 Bruxelles
en France :	*Diffusion de l'Édition québécoise (DEQ)* 30, rue Gay-Lussac 75005 Paris

Nous remercions le Conseil des Arts du Canada de l'aide accordée à notre programme de publication.

Du même auteur

Naissances planifiées
en collaboration avec Hubert Charbonneau
Éditions du Jour, 1966

Évolution de l'assistance au Québec
Éditions du Jour, 1967

Cours de sexologie (5 tomes)
Éditions du Jour, 1968-1970

Paul VI et la sexualité
Éditions du Jour, 1969

L'avortement
en collaboration avec Renée Cloutier
Éditions du Jour, 1969

Comment garder votre santé
Éditions du Jour, 1970

Kidnappé par la police
Éditions du Jour, 1970

Adieu médecine, bonjour santé
Éditions Québec/Amérique, 1982

Survivre aux soins médicaux
Éditions Québec/Amérique, 1982

Dictionnaire des médicaments de A à Z
en collaboration avec Marie Claude Roy
Éditions Québec/Amérique, 1984

La simplicité volontaire
Éditions Québec/Amérique, 1985

Pour une nouvelle médecine
Éditions Québec/Amérique, 1986

Nouveau dictionnaire des médicaments
en collaboration avec Marie Claude Roy
Éditions Québec/Amérique, 1988

Le rêve écrasé
Québec/Amérique, 1990

Parce que la paix n'est pas une utopie
Libre Expression, 1990 / Éditions Écosociété, 1996

La belle vie ou Le bonheur dans l'harmonie
Libre Expression, 1991 / Éditions Écosociété, 1996

Pour un pays sans armée
avec un collectif de 15 personnes
Éditions Écosociété, 1993

Pour que demain soit, l'écologie sociale en action
Éditions Écosociété, 1993

L'écosophie ou la sagesse de la nature
Éditions Écosociété, 1994

Moi, ma santé
Éditions Écosociété, 1994

À Alain, Normand et Julie
mes chers « grands »,
à qui je voudrais tant
léguer un monde
où il fasse bon vivre.

Grand merci à Colette Beauchamp et à Nicole Daignault, qui m'ont aidé de leurs sages conseils et ont si patiemment revu mon manuscrit.

Table des matières

INTRODUCTION

JAMAIS L'HUMANITÉ n'a disposé d'autant de richesses, jamais elle n'a possédé de techniques aussi efficaces et puissantes, jamais elle n'a maîtrisé un tel savoir, et pourtant jamais au cours de l'Histoire autant d'êtres humains n'ont été privés de l'essentiel, jamais non plus n'a-t-on prévu dans un avenir si proche autant de changements catastrophiques de l'équilibre naturel, changements dus à l'activité humaine. Les appels à l'action fusent de toutes parts, pour la justice sociale, pour la solidarité, pour le respect de la nature, mais rien n'y fait : ce sont les entreprises multinationales qui contrôlent le monde et, avec la complicité des gouvernements qui se soumettent à leurs desiderata, établissent les priorités nationales et internationales, lesquelles se résument à « profits », « compétitivité » et « libre-échange ».

Nombre de facteurs expliquent comment a pu se produire cette situation. Mais sa persistance n'est possible que parce que triomphe ce que Riccardo Petrella nomme l'« idéologie de l'adaptation » :

> L'homme et la société n'ont plus de liberté de choix, d'orientation ; le seul choix qui leur reste est de

> s'adapter ou de périr. S'adapter aux nouvelles technologies, à la mondialisation libéralisée, déréglementée, privatisée, compétitive, et aux contraintes des marchés financiers. On considère tout cela (de manière tout à fait arbitraire) comme étant des phénomènes exogènes à la société et obéissant à des « lois » qui leur seraient propres, donc pas modifiables par la société[1].

Il faut de toute urgence trouver des voies de sortie.

Certains se laissent rassurer par les beaux discours des politiciens, qui année après année promettent la fin de la « crise ». Les gouvernements ne trouvent cependant rien de mieux à faire que de suivre servilement les demandes de l'entreprise privée, qui exige qu'on concède toujours plus de terrain au « marché » pour résoudre quelque problème que ce soit. En fait, les gouvernements ont perdu le sens de leurs responsabilités. Du service du peuple — dans une « démocratie », n'est-ce pas le peuple qui doit gouverner ? — ils sont passés au service des intérêts des groupes de pression les plus puissants, ceux qui sont riches et contrôlent le mieux les médias, les deux allant de pair. Et le premier intérêt des puissants est de garder en place le genre de dirigeants qui s'y trouvent déjà. Alors, on ne peut attendre de gouvernants cherchant avant tout leur réélection qu'ils proposent à leurs électeurs les mesures radicales pouvant seules avoir des chances d'éviter la catastrophe inévitable à plus ou moins longue échéance.

---

1. Préface de *L'État aux orties ?*, ouvrage collectif sous la direction de Sylvie Paquerot, Éditions Écosociété, Montréal, 1996, p. 25.

Il n'y a pas de choix : quiconque prend conscience de la gravité des menaces qui pèsent sur la planète doit entreprendre les actions nécessaires. La responsabilité de trouver la voie de la viabilité — pour l'épanouissement des individus, des collectivités et de toute la vie sur Terre — revient à celles et à ceux qui ont vécu au cœur de l'abondance et ont pu en constater les effets nocifs. Et je ne parle pas seulement d'environnement ici : de ce côté, les scientifiques, même s'ils ne s'entendent pas tous sur la gravité des phénomènes en marche, nous donnent tout de même la mesure de la détérioration de nombre de paramètres. Non, quand je pense aux conséquences négatives de la société d'abondance, je pense à la vie de tous les jours, à la santé, au travail, à l'amour, à la solidarité communautaire, au bonheur, tout cela qui ne s'achète pas ou, quand on croit pouvoir l'acheter, coûte finalement trop cher, car on doit sacrifier le meilleur de sa vie à gagner de quoi le payer.

En se lançant à corps perdu dans le « progrès », le « développement » et la production de biens de consommation toujours plus abondants, nos sociétés ont fait fausse route. Il ne s'agit pas de revenir en arrière ; nous n'avons que faire des épidémies, des famines, des privations extrêmes ou des monarchies absolues. Pourtant, il y avait dans les façons ancestrales de vivre des éléments de grande sagesse que nous pourrions retrouver ; il y a aussi encore des peuples qui vivent autrement et s'épanouissent en le faisant. Il y a enfin des personnes qui, au sein même de l'abondance, ont pris conscience des effets qu'exerce sur eux ce type de société, et qui ont trouvé des moyens de s'en libérer. Il existe donc déjà de nombreux sentiers à emprunter. Comme le constate l'ethnologue Thierry Sallantin, « Les Occidentaux doivent reconnaître humblement que la vie qu'ils mènent est absurde, qu'elle conduit à un manque aussi indicible qu'abyssal, d'où résulte globalement le sentiment confus de mal-être, diaboliquement exploité par les marchands de tous poils[2]. »

Pour ma part, il y a longtemps que j'ai découvert que « le système » — la société de consommation dans laquelle je vis — nous enferme, individuellement et collectivement, dans une cage qui nous laisse de moins en moins de choix véritables et de vraie liberté. Que les barreaux de la cage soient dorés ne change rien à la réalité profonde de l'aliénation de ses prisonniers. Cela m'a amené à faire des choix dans ma vie et à tenter de partager mon expérience par des livres, notamment *La simplicité volontaire*, qui a paru pour la première fois en 1985.

À l'époque, je dirigeais la Collection Santé de la maison d'édition Québec/Amérique et ce fut en explorant les conditions les plus favorables à la santé que j'ai surtout été poussé à écrire ce livre. Aujourd'hui, je me rends compte que la voie de la simplicité volontaire ne constitue pas seulement le meilleur chemin pour la santé de ceux qui l'empruntent, mais qu'elle est sans doute l'unique espoir pour l'avenir de l'humanité. C'est également, ainsi que me l'ont confirmé les multiples témoignages que j'ai reçus de lecteurs et de lectrices de *La simplicité volontaire,* une façon de concilier

---

2. « Les peuples autochtones et le piège du "développement" », *Silence,* n° 220-221, été 1997, p. 42.

conscience et être, ce qui s'avère fort difficile dans un monde où les inégalités, les abus de pouvoir et les injustices sont d'une telle ampleur.

La société n'est pas monolithique et on y trouve du meilleur et du pire. On ne peut se contenter de s'affranchir individuellement des mauvais côtés du système, il est aussi nécessaire de les changer, sinon ils nous rejoindront de toutes manières et nous détruiront un jour, ou nous asserviront à nouveau, ou de diverses façons réduiront nos possibilités d'épanouissement.

En fait, c'est en posant des gestes concrets pour se libérer du système qu'on arrivera à le changer, dans la mesure où ces gestes ne demeureront pas individuels. D'ailleurs, le repli individualiste est justement un des défauts majeurs des sociétés de consommation. C'est par des actions individuelles mais aussi par des actions collectives qu'on parviendra aux changements souhaitables ; les unes et les autres doivent se renforcer et non se nuire.

Nos actes déterminent ce que nous devenons et ce que devient le monde. Au lieu de laisser le système agir sur nous et nous assimiler, nous pouvons nous reprendre en mains, retrouver notre pouvoir sur nous-mêmes et parvenir ainsi finalement à remodeler la société. C'est là, me semble-t-il, faire le choix de la liberté. Après avoir fait le bilan du temps présent, j'explore dans ce livre des façons de retrouver cette liberté et le pouvoir qu'elle confère. Dans cette nouvelle édition fort augmentée, je poursuis ma réflexion et l'étoffe de connaissances supplémentaires. J'espère ainsi faire œuvre utile, dans cette période si bouleversée.

Première partie

La crise des valeurs

Chapitre premier

Consommer, consommer, consommer

L'Amérique du Nord, qui compte seulement 6 % de la population mondiale, utilise de 40 % et 50 % des ressources naturelles mondiales. Nous faisons partie du groupe des pays riches qui portent la plus grande responsabilité des problèmes de pollution atmosphérique, d'épuisement des ressources et de destruction des espèces animales et végétales. Comme le note l'écologiste Christian Boulais :

> Un habitant de ces pays consomme 10 fois plus d'énergie qu'un habitant des pays « pauvres », 14 fois plus de papier, 18 fois plus de produits chimiques, 10 fois plus de bois de construction, 6 fois plus de viande, 3 fois plus de poisson, de ciment et d'eau douce, 19 fois plus d'aluminium, 13 fois plus de fer et d'acier[1].

1. « La surpopulation des pays riches », *Le monde à bicyclette,* vol. XIX, n° 4, hiver 1994.

Par rapport aux autres habitants de la Terre, nous sommes donc de très gros consommateurs. Bien sûr, nous ne consommons pas tous autant ; mais il faut comprendre qu'en termes d'économie globale, en comparaison avec la situation dans laquelle vit encore aujourd'hui la majorité de la population mondiale, qui doit répondre à ses besoins avec moins de deux dollars par jour, presque tous les habitants du Nord sont riches. En termes d'énergie, « tout homme, femme et enfant, en Amérique du Nord, réquisitionne l'équivalent de 80 à 100 esclaves chacun, qui fabriquent pour eux, jour et nuit, des biens qui aboutissent à la poubelle[2]. »

Notre action sur l'environnement devient chaque jour plus nocive et nous devrons certainement porter une part considérable de la responsabilité des déséquilibres qui affligent déjà la planète et qui ne peuvent manquer d'augmenter. Mais un des problèmes actuels est justement que cette surconsommation même nous rend individualistes et nous fait perdre de vue notre responsabilité vis-à-vis de la collectivité.

Dans une société de consommation, les gens tentent de combler tous leurs désirs par l'achat de biens ou de services. L'argent devient la valeur suprême et la solution à toutes les difficultés ; il donne accès à tout ce que nous offre cette société où tout a été transformé en marchandises. Ainsi, la santé s'achète — les plus riches vivent plus longtemps ; le sentiment de sécurité s'acquiert grâce à l'acquisition d'assurances commerciales — à la place des solidarités affaiblies ;

---

2. Hortense Michaud-Lalanne, *Si les vrais coûts m'étaient comptés*, Éditions Écosociété, Montréal, 1993, p. 83.

l'organisation des vacances est confiée à des agences spécialisées...

Le bonheur est aujourd'hui perçu comme la satisfaction non seulement de tous les besoins, mais également des goûts et même des souhaits. Satisfaction devient saturation. Mais ce gavage n'est pas source d'épanouissement, car le propre de la société de consommation, c'est de proposer constamment de nouveaux biens (ou de nouvelles présentations des anciens), de susciter de nouveaux « besoins », d'attiser les convoitises. Il ne faut jamais que les gens soient satisfaits ; il faut, pour faire rouler l'économie, qu'ils achètent toujours plus de biens, de services et de spectacles. La société de consommation se caractérise par un foisonnement infini de marchandises. À eux seuls, les supermarchés d'alimentation étalent, dans l'ensemble, plus de 50 000 produits alimentaires différents.

En fait, les gens tentent, avec tous ces produits qu'ils acquièrent, de répondre à d'autres fins que celles auxquelles sont normalement destinées ces marchandises. Ils cherchent la « sécurité », le prestige, l'amour, etc. La publicité joue d'ailleurs abondamment sur ce tableau. L'achat de « quelque chose » en vient à s'imposer comme unique voie de réponse à quelque manque que ce soit. S'opère ainsi une matérialisation progressive de la vie ; on cherche à combler toutes les insatisfactions par des marchandises et bientôt tous les problèmes ne sont plus perçus que comme des absences de marchandises. Si vous mentionnez que vous avez mal à la tête, la plupart des gens vous offriront immédiatement de l'aspirine ou un autre comprimé du genre. Si vous parlez de votre obésité, ils vous suggéreront tel régime à la mode ou tel produit commercial.

Dans une société où la majorité des gens vivent dans de grandes villes qui favorisent l'anonymat et l'individualisme, où les emplois ne permettent que rarement d'exercer ses facultés créatrices, il n'est pas étonnant que l'on cherche le bonheur dans l'avoir.

L'individualisme conduit à l'insécurité — on se retrouve seul au sein d'une société hostile et implacable, où le « chacun pour soi » est la règle générale —, et cette insécurité pousse à accumuler des biens. Car si je veux être sûr de ne rien manquer, je dois entasser des provisions ; et plus mon insécurité est grande, plus considérables seront mes provisions. Le manque de sécurité affective pousse aussi à amonceler. Les anciennes solidarités n'existent pratiquement plus ; même les parents âgés ne peuvent plus compter sur leurs enfants, ni les enfants sur leurs parents. Nous nous retrouvons aujourd'hui dans la spirale suivante : les interventions de l'État, à juste titre réclamées pour répondre aux besoins les plus criants, remplacent progressivement les solidarités naturelles et créent une dépendance croissante ; mais ces interventions sont la plupart du temps insuffisantes, car elles ne comblent qu'une partie matérielle des besoins sans répondre à leur totalité, que seules des relations humaines désintéressées pourraient satisfaire. Ces besoins insatisfaits entraînent alors d'autres actions gouvernementales augmentant encore la dépendance des gens. À un moment donné, quand la capacité de dépenser de l'État s'amoindrit, comme c'est le cas actuellement, les services sont coupés, alors que les gens ont désappris à se prendre en charge.

Le fractionnement et la spécialisation des tâches caractéristiques de la production de masse nécessaire à la société de consommation, provoquent une banalisation du travail et l'abêtissement de ceux qui l'accomplissent à telle enseigne qu'ils n'arrivent même plus à être créateurs dans les autres sphères de leur vie. Et l'atrophie des facultés créatrices conduit à l'atrophie de l'être. Mais cela n'enlève pas aux gens le besoin d'être reconnu et apprécié par les autres ; c'est là, en effet, une des composantes de la sociabilité. Or quand on ne peut arriver à impressionner les autres et à gagner leur estime par ce qu'on est et par ce qu'on accomplit ; quand on a peu d'estime de soi, quand manque ce sentiment essentiel d'avoir sa place dans la société, d'avoir un rôle à y jouer et d'y être important pour les autres, on essaie de jeter de la poudre aux yeux par les possessions qu'on peut étaler. Beaucoup des objets qui nous sont offerts à consommer répondent à cette fonction ostentatoire : autos, vêtements de luxe, etc.

CHAPITRE II
La crise

DANS CE MONDE matérialiste, l'économie a pris la première place dans les préoccupations de la plupart des gens. Puisque la consommation occupe une telle importance dans nos vies, il n'est pas étonnant qu'il en soit ainsi. Quand l'économie chancelle, cela se traduit par un taux de chômage plus élevé, par une baisse des recettes fiscales de l'État et par une réduction graduelle des diverses mesures sociales. Sans emploi, avec peu de moyens financiers, sans pouvoir s'adonner à une consommation ostentatoire et effrénée, de nombreuses personnes se trouvent complètement déboussolées. Et il y a tous les autres qui vivaient déjà en situation de précarité et que la crise précipite dans la pauvreté.

Les difficultés économiques font mal, nul ne peut le nier ; mais c'est parce que notre système est foncièrement inégalitaire et injuste que ce sont toujours les plus faibles qui doivent souffrir durant ses crises. Et ce système ne pourrait pas continuer d'exister sans les inégalités qui le caractérisent.

Nous avons tous entendu parler du krach de 1929 et surtout de ses conséquences concrètes sur la vie des gens. Nous qui, en Amérique du Nord, n'avons connu depuis longtemps la guerre, la famine ou d'autres désastres d'envergure nationale, nous en sommes venus à percevoir l'économie comme la source possible de nos maux les plus graves. Et l'évocation d'une crise économique nous effraie. Toute notre attention se centre alors sur la résolution de cette crise. Pendant ce temps, nous avons tendance à nous désintéresser de ce qui se passe en dehors de la sphère économique, et nous négligeons l'essentiel. Combien de mesures écologiques ont été remises aux calendes grecques parce que leur application pourrait nuire à la relance économique?

L'économie politique est une pseudo-science que les préoccupations matérialistes ont projetée au devant de la scène. À l'origine, l'économie politique se contentait d'estimer les volumes des productions et des échanges; la mesure de ces mouvements fournissait des indices valables sur l'activité d'une époque ou d'une région. Mais avec le temps, les indices ont pris plus d'importance que l'activité qu'ils devaient mesurer; la nature des échanges et des productions cédait le pas, dans l'échelle des valeurs, à leur volume. On en est là aujourd'hui. On s'inquiète de l'économie qui stagne quand le taux de croissance du produit national brut (PNB) augmente de moins de deux pour cent par an; or ce chiffre qui n'indique que le volume des activités ne dit rien sur leur qualité ou leur répartition. Si plus de gens ont été malades et ont acheté plus de médicaments, si plus de couples ont divorcé et ont fait appel à des avocats pour les procédures judiciaires, si plus de bombes ont été produites, si l'eau des aqueducs a été plus polluée et a exigé davantage de chlore pour neutraliser les colibacilles, tout cela a contribué à augmenter le PNB.

L'attention exagérée portée à l'économie laisse dans l'ombre d'autres problèmes qui attendent depuis longtemps des solutions. Comme leurs conséquences touchent des populations qui n'ont pas accès aux moyens de se faire entendre ou comme leurs effets ne sont pas encore immédiatement évidents — dans le cas de l'environnement par exemple —, ces problèmes apparaissent, faussement, comme moins urgents. En voici quelques-uns :

– des centaines de milliers d'êtres humains meurent chaque année de sous-alimentation dans le monde ; et pour une personne qui meurt, combien d'autres vivent en ayant continuellement faim et survivent dans des conditions sous-humaines ;

– en maints endroits de la Terre, se déroulent des guerres qui blessent et tuent civils et militaires. Entre 1985 et 1995, les divers conflits armés ont tué deux millions d'enfants et en ont rendu infirmes plus de quatre millions. En plus de ces conflits, localisés mais nombreux, — 27 conflits armés majeurs ont eu lieu dans le monde en 1996 —, les grandes puissances continuent à inventer et à accumuler des armes toujours plus efficaces qui ne peuvent manquer un jour d'être utilisées ;

– en bien des pays où ne se déroule pas de guerre, l'ordre injuste est maintenu grâce à une répression implacable et meurtrière qui entraîne chaque année le décès de centaines de citoyens, l'emprisonnement de milliers d'autres et la violation des droits de millions d'autres habitants de ces pays;

– même dans les pays industrialisés « libres » et « riches », les inégalités s'accentuent constamment et la tendance à réduire les mesures sociales plonge toujours plus de gens dans une misère profonde;

– la pollution de la nature se poursuit à un rythme accéléré, alors que des substances chimiques toujours plus abondantes et diverses sont déversées dans l'eau et libérées dans l'air. Plusieurs espèces animales et végétales ont déjà disparu; les atteintes de plus en plus nombreuses à notre santé laissent penser que notre tour risque aussi de venir;

– on continue à construire dans le monde des centrales nucléaires qui peuvent toujours éclater et qui produisent des tonnes de déchets nucléaires dont on ne sait que faire.

Nous sommes donc en période de crise, au sens de « phase grave dans l'évolution des choses, des événements, des idées », comme la définit *Le petit Robert*. La conjonction de tout ce qui ne va pas suffit déjà à rendre la situation critique, mais il y a plus. En physique, on connaît les températures auxquelles certains corps changent d'état; par exemple, l'eau devient solide à 0° C et elle se transforme en vapeur à 100° C. De 98° à 99° C, l'augmentation d'un degré ne provoque qu'un léger réchauffement de l'eau; la même augmentation d'un degré de 99° à 100° C amène un changement qualitatif important, soit le passage de l'état liquide à l'état gazeux. Tous les phénomènes naturels se déroulent finalement ainsi : telle plante résiste au froid jusqu'à ce que la température descende à tel degré, tel poisson peut vivre dans une eau raréfiée en oxygène jusqu'à un certain degré, etc. Socialement, le niveau de tolérance possède aussi des limites ; mais pour beaucoup de phénomènes, ces limites ne sont ni connues ni strictes. Jusqu'où peut-on tolérer d'être exploité avant de se révolter ? Jusqu'à quel point peut-on, dans le tiers monde, constater les immenses inégalités qui séparent les pays riches des autres avant de décider de se faire justice ? Il me semble que simultanément, et dans une vaste gamme de domaines, nous approchons du point critique où une légère détérioration risque de tout faire éclater.

Notre système est en crise et pourtant rien n'est vraiment fait pour en sortir. Confrontés aux divers problèmes qui compromettent la qualité de la vie d'un nombre toujours plus élevé de gens, nos gouvernants appliquent de timides mesures qui ne font que remettre à plus tard le moment d'affronter les vrais problèmes. Selon eux, il faut relancer l'économie et redonner confiance aux consommateurs, lesquels, par voie de conséquence, feront rouler l'économie encore mieux ; avec plus d'argent à sa disposition, l'ensemble de la population réglerait ses problèmes. Même dans le domaine de l'environnement, la majorité des gens estime qu'il suffirait là aussi d'investir davantage pour trouver de nouvelles technologies plus appropriées. Or les conséquences sur l'environnement de la surconsommation se font déjà durement sentir aujourd'hui. Nous souffrons de la pollution de l'air et de l'eau, du niveau élevé de bruit, d'être toujours plus éloignés de la nature; et nous voyons poindre à l'horizon la pénurie des matières premières.

Notre planète me fait de plus en plus penser à un organisme vivant dont chacun de nous ne serait qu'une cellule. Cet organisme se comporte de la même façon que notre corps. Quand un des organes ou une partie du corps est touché par la maladie ou fonctionne mal, cela déclenche une réaction de l'ensemble de l'organisme ; tout cela se fait de façon involontaire, sans intervention de l'intelligence. Le même phénomène se produit actuellement sur la planète : les symptômes des atteintes graves qu'elle subit deviennent chaque jour plus évidents, mais de la même façon que nous soignons le plus souvent nos maladies en traitant les symptômes sans toucher les causes, nous cherchons les moyens d'atténuer la crise sans nous préoccuper d'en tarir la source.

Les dirigeants politiques agissent ainsi avec l'accord de la majorité; accord tacite — on les laisse faire — ou accord manifeste. Le plus souvent manifeste, serais-je porté à croire; car on a peur de perdre ce qu'on a déjà, on craint de s'aventurer dans des voies nouvelles. Pourtant, nous ne le répéterons jamais assez, nos orientations actuelles nous mènent à la catastrophe; qui plus est, elles nous frustrent des véritables moyens de nous épanouir.

Il y a plusieurs raisons pour lesquelles les gens s'abandonnent aux mains des gouvernements; l'influence des médias en est certainement l'une des plus importantes.

Les grands médias — ceux qui sont les plus populaires et rejoignent donc le plus de monde — dépendent de la publicité pour leur survie; n'y échappent que bien partiellement les médias financés par les fonds publics. La publicité constitue aujourd'hui une entreprise fort bien organisée qui ne laisse rien au hasard. Ses messages sont conçus pour influencer la population et ils sont placés là où ils rejoindront le plus large public. Puisque les médias dépendent directement de la publicité pour leur survie, leur contenu ne peut échapper à son influence. Comme l'écrit Ignacio Ramonet, directeur du *Monde diplomatique:* « La recherche effrénée de publicité place de nombreux médias en situation de dépendance par rapport aux annonceurs qui deviennent en quelque sorte les propriétaires clandestins de nombreux titres. Pour séduire ces annonceurs et constituer un bon support de publicité, des publications en viennent à modifier leur apparence, leur maquette, en allant le plus souvent dans le sens de la trivialité[1]. » Par exemple, quand le mensuel *Châtelaine*, à l'époque des Francine Montpetit et Monique de Gramont, a pris un tournant jugé trop féministe et trop critique de l'image de la femme-objet, les pressions des commanditaires ont réussi à faire modifier l'orientation de la revue pour qu'elle reprenne « sa place » sur le marché.

---

1. « Médias en danger », *Le Monde diplomatique*, février 1996.

La télévision constitue aujourd'hui le moyen de communication le plus puissant ; c'est aussi, pour les annonceurs, le plus coûteux. Pour obtenir le plus de publicité et pour en soutirer le meilleur prix possible, les diverses stations de télévision se livrent une concurrence féroce ; c'est la guerre des cotes d'écoute. Et pour la gagner, la recette est simple : viser le plus petit commun dénominateur, faire les émissions qui plaisent au plus grand nombre... et aux annonceurs. Sensationnalisme, violence, superficialité sont les ingrédients de base. Pas de place pour l'analyse, les nuances, les hésitations. L'image importe, le contenu non. Ceux qui ont intérêt à y faire bonne figure agissent en conséquence.

Popularité oblige, les grands médias accordent une place privilégiée aux animateurs et journalistes vedettes ; de toute façon, le seul fait d'appartenir au monde des médias confère déjà le statut de vedette. Cette petite élite bien payée utilise son statut pour défendre ses valeurs — les mêmes que celles des propriétaires et des annonceurs : le culte des vedettes et des experts (les gens « supérieurs »), la consommation effrénée — mode, gadgets, spectacles, voyages... —, la « grande » vie urbaine.

Personne ne peut rester insensible au bombardement des messages explicites ou subliminaux de la télévision. C'est d'ailleurs cette conviction qui pousse les annonceurs à y faire une publicité qu'ils savent efficace ; sinon, paieraient-ils jusqu'à plus d'un million de dollars pour trente secondes de publicité ? Nous commençons à peine à voir les conséquences de ce lavage de cerveau :

– la violence se répand de plus en plus, car elle est présentée comme un moyen facile et rapide de régler les problèmes ; même si on ne l'accepte pas, on s'habitue à sa présence, on la croit inévitable et on s'insensibilise à ce qui devrait être intolérable ;

– on est convaincu que la science et la technologie font des progrès tels qu'il n'y a finalement aucun problème qu'elles ne puissent résoudre. On trouvera bien un moyen de guérir le cancer, le sida et les autres maladies, comme on saura réparer la couche d'ozone, empêcher le réchauffement de la planète et pallier les autres catastrophes environnementales ;

– les images qui nous viennent d'ailleurs nous convainquent que c'est dans notre société de consommation que nous sommes le plus heureux et que c'est par ce mode de vie que le monde entier accédera au bonheur ;

– on accepte que les États-Unis d'Amérique soient les gardiens de l'ordre mondial, car on croit que sans eux notre civilisation serait en danger ;

– on finit par croire que les problèmes actuels ont une telle ampleur que nous, simples citoyens, n'y pouvons rien et qu'il faut laisser aux experts et aux politiciens le soin de les résoudre.

On regarde surtout la télévision pour se distraire et pour se détendre, et souvent parce qu'on ne peut s'offrir autre chose ; or le résultat n'est pas celui qu'on recherche, d'après cette dépêche de l'agence France-Presse :

> Regarder la télévision ne détend pas les téléspectateurs, mais a au contraire un effet néfaste sur leur moral, indique une étude publiée hier à Los Angeles.
>
> Plus les téléspectateurs passent de temps devant la télévision, plus ils se sentent tristes, seuls, agressifs, somnolents et plus ils s'ennuient, affirment deux psychologues, Robert Jubeay de l'Université de Rutgers, et Mihaly Csikszentmihalyi, de l'Université de Chicago.
>
> Selon les deux psychologues, qui publient ces conclusions dans un livre intitulé *La télévision et la qualité de vie,* les gens qui regardent la télévision pour se relaxer n'atteignent pas du tout leur objectif. Ils sont moins relaxés lorsqu'ils éteignent le poste que lorsqu'ils l'ont allumé, estiment les deux chercheurs qui ont étudié pendant 13 ans les réactions de 1 200 personnes âgées de 10 à 82 ans[2].

La conclusion des deux psychologues rappelle la boutade de Patrick Tilmsit : « Des fois, je passe la journée entière devant la télé, c'est chiant. Des fois, je l'allume, c'est pire ! »

Beaucoup d'enfants passent une bonne partie de leur temps à regarder la télévision ; dans plusieurs foyers, la télévision est d'ailleurs la gardienne d'enfants la plus souvent employée. Comment s'étonner ensuite que les enfants adoptent les valeurs et les comportements véhiculés par ce média ?

---

2. « L'écoute de la télé comporte un effet néfaste sur le moral », *Le Devoir,* 1er mai 1990.

Un des effets les plus patents de l'influence de la télévision est l'augmentation de la violence chez les enfants. La psychologue française Liliane Lurçat, spécialiste de la question, cite les travaux de l'Américain Joshua Meyrowitz, qui « a établi que chez les jeunes de moins de 15 ans, entre 1951 et 1981, les arrestations pour meurtre ont augmenté de 500 %, celles pour vol à main armée de 1 750 % et celles pour viols de 4 000 %. Il incrimine la télé. Les enfants, dit-il, commettent désormais des crimes d'adultes : ceux qu'ils voient commettre à l'écran[3]. » À la question « Pourquoi la télévision aurait-elle plus d'effet que les autres médias ? », Liliane Lurçat répond :

> L'enfant apprend de trois façons : par son activité, par l'enseignement et par imprégnation. L'imprégnation est la façon d'apprendre la plus puissante, dès la naissance : elle s'exerce dans toute situation où on ne sait pas que l'on est en train d'apprendre. Or la télé fonctionne justement par imprégnation, avec des séries répétitives. Elle est en outre un des seuls objets qui puisse immobiliser un enfant. Elle le fascine. La violence du rapport à la télévision se manifeste dans cette capture de celui qui regarde et ne peut détacher son regard. Par sa nature même, et par son prestige, la télévision crée un état spécial de réceptivité. Son action s'apparente à une suggestion permanente. Les gens constituent aujourd'hui une masse passive et inquiète, portée à une extrême soumission.

3. Entretien avec Philippe Gavi, « La télé est-elle coupable ? », *Le Nouvel Observateur*, décembre 1993.

C'est très inquiétant. Nous évoluons rapidement vers un monde de plus en plus uniforme, façonné par l'industrie des médias, et principalement par les médias américains. Plus de 70 % des images diffusées dans le monde durant les émissions d'information proviennent de deux agences des États-Unis, *Associated Press* et *United Press International.* En Afrique, en Asie, dans les pays de l'ancien bloc soviétique, partout dans le monde on regarde des émissions de la télévision américaine comme *Dallas, Fort Boyard* et autres ; les chaînes américaines fournissent souvent gratuitement ou à très bas prix leurs émissions ; elles répandent ainsi l'« évangile » américain. Jusqu'en 1993, au moment où le réseau québécois TVA a décidé de retirer les émissions *G.I. Joe* et *Tortues Ninja* de l'antenne, « la compagnie Hasboro versait un demi-million de dollars par année à TVA pour diffuser la version française de ses dessins animés[4] » ; c'est cette compagnie qui vend les jouets associés à ces dessins animés.

On peut, comme essaient déjà de le faire plusieurs associations d'enseignants, de parents ou de pacifistes, tenter d'obtenir que les gouvernements réglementent la publicité et qu'ils empêchent la diffusion d'émissions trop violentes. Mais il ne faut pas se faire d'illusions : avec les nouvelles technologies (dont la diffusion par satellite), les gouvernements ont de moins en moins de pouvoir sur le contenu des ondes. Et de toute façon,

4. *Nous récolterons demain ce que nous cultivons aujourd'hui chez nos enfants,* Mémoire sur la violence à la télévision soumis aux audiences publiques du CRTC par la Centrale de l'enseignement du Québec, juin 1995.

il n'y a pas que la violence qui soit dangereuse à la télévision ; et les règlements ne suffisent pas à la contrôler. Car il faut comprendre que la télévision est pernicieuse en soi. Carl Popper, un philosophe et scientifique anglais réputé, s'est beaucoup inquiété du pouvoir de la télévision :

> La démocratie consiste à soumettre le pouvoir politique à un contrôle. C'est là sa caractéristique essentielle. Il ne devrait exister dans une démocratie aucun pouvoir incontrôlé. Or, la télévision est devenue aujourd'hui un pouvoir colossal ; on peut même dire qu'elle est potentiellement le plus important de tous, comme si elle avait remplacé la voix de Dieu. Et il en sera ainsi tant que nous continuerons à supporter ses abus. La télévision a acquis un pouvoir trop étendu au sein de la démocratie. Nulle démocratie ne peut survivre si l'on ne met pas fin à cette toute-puissance. Et il est certain que l'on abuse de ce pouvoir aujourd'hui [...][5].

Personnellement, je crois aussi que la télévision est dangereuse. D'abord, parce qu'elle est captivante ; on peut passer des heures devant son téléviseur et toujours y trouver quelque chose qui réussisse à intéresser ; avec la multiplication des canaux, le phénomène ira en s'accentuant. La télévision ne laisse pas le temps de réfléchir : elle impose avec force ses images que nous n'avons pas le temps de critiquer. Quand je lis, je peux arrêter ma lecture là où je veux, juger, penser, revenir en arrière, lire entre les lignes. Il n'y a pas de lignes à la

---

5. Karl Popper et John Condry, *La télévision : un danger pour la démocratie,* Anatolia, Paris, 1994, p. 35 et 36.

télévision : tout l'écran est rempli et nous capte. La télévision ne fait pas appel à l'intelligence ; elle offre un contenu prêt à gober ; c'est d'ailleurs une des raisons pour lesquelles elle est si populaire : les gens complètement lessivés par leur journée de travail s'affalent devant leur appareil parce qu'ils n'ont la capacité de rien faire d'autre. Ce qu'on voit à la télévision est la plupart du temps un concentré ; on n'a retenu que les plus belles images — ce qui signifie parfois les plus horribles —, le moment clé du discours ; même les émissions en direct sont soigneusement préparées pour faire ressortir l'« essentiel ». La télévision ne tolère pas la réflexion, l'immobilité ; les téléspectateurs peuvent toujours « zapper » et on essaie d'empêcher cela à tout prix. En imposant ses messages, qu'elle martèle constamment et qui sont sans réplique, la télévision paralyse le sens critique et entraîne la passivité.

CHAPITRE III

La conscience étouffée par la surconsommation

LA CONSCIENCE est sans doute la faculté la plus noble dont soit doté l'être humain. C'est par l'intelligence aussi que nous nous distinguons en bonne part des animaux. Quand nous cessons d'analyser nos actions et d'en prendre conscience, nous sacrifions une part importante de notre humanité. Nous nous agitons, nous fabriquons, nous mangeons, nous nous déplaçons ; mais que faisons-nous de plus que les fourmis ou les abeilles, qui travaillent d'une manière fort ordonnée à une tâche collective ?

Selon la façon dont nous nous comportons, nous souffrons d'inconscience collective ! Comment expliquer autrement que nous tolérions qu'une aussi effarante portion de l'humanité souffre encore de la faim, de maladies contagieuses et de diverses autres conséquences de la pauvreté alors que nous pourrions régler tous ces problèmes, mais qu'en même temps, nous consacrions plus de 800 milliards de dollars par année aux dépenses militaires ? Car nous sommes collectivement responsables de ce qui se passe dans la communauté humaine ; nous savons ce qui survient partout ailleurs et il n'y a pratiquement plus de coin de la planète qui soit complètement isolé et qui ne dépende d'une façon ou d'une autre de ce qui se décide ailleurs. Comme le dit le sociologue Pierre Rabhi, « il faut que chaque être humain prenne conscience de ses responsabilités et assume sa citoyenneté ». Et il ajoute :

> L'acte d'acheter, par exemple, est loin d'être anodin : il a plus de portée et d'influence qu'un bulletin de vote dans l'urne. Acheter en conscience aide à faire évoluer le système social dans un sens ou dans l'autre.
>
> Je suis souvent frappé par la contradiction qu'il y a, chez bon nombre de personnes, entre le désir d'une société conviviale et humaine (avec ses paysans, ses artisans, ses petits commerçants) et leur soumission quotidienne aux monopoles qui nient et détruisent cette convivialité par leur totalitarisme marchand [1].

Mais dans ce monde « scientifique » où l'on veut si bien expliquer tous les phénomènes, nous sommes devenus experts à occulter les faits qui nous dérangent ; et nous ne faisons pas le lien entre nos façons de vivre et la situation mondiale. On réclame le plein emploi et on harcèle les gouvernements pour qu'ils « créent » des emplois, mais on ne veut pas savoir que ces hélicoptères fabriqués à Mirabel serviront à combattre la guérilla en Amérique du Sud et à maintenir au pouvoir les dictateurs militaires. On ne veut pas savoir que les

1. *Silence,* décembre 1994.

hamburgers coûtent si peu cher parce qu'une partie de la viande que nous consommons provient d'animaux élevés en Amérique centrale dans ces vastes espaces déboisés volés aux Autochtones qui y habitaient. On ne veut pas savoir que les T-shirts et autres vêtements continuent à se vendre à bas prix parce qu'ils ont été fabriqués en Asie par des gens payés moins de 15 cents l'heure.

La plupart des gens s'engagent dans des voies qu'ils ne remettent jamais en question, en particulier parce qu'il est toujours plus facile de refaire la même chose, de développer des habitudes et de se contenter de les suivre. Nombre de personnes — sûrement la plupart — ont des éclairs de lucidité qui provoquent certains regrets ; mais, le plus souvent, elles refusent de voir ce qu'elles sont devenues par rapport à ce qu'elles auraient aimé être ; car cela les obligerait à faire une remise en question trop profonde qui les forcerait à apporter des modifications trop importantes dans leurs vies. Le confort de l'habitude prend le dessus, on écarte la vision critique de soi-même et on continue comme avant. Le changement suppose l'inconfort ; de peur de souffrir, on fait tout pour l'éviter, y compris anesthésier ses sentiments, réduire ses aspirations, etc.

La voie de la conscience n'est pas facile à emprunter. Comme le dit le héros du roman de Hermann Hesse, *Le loup des steppes*, « Réfléchir une heure, rentrer en soi un instant et se demander combien on est responsable soi-même du désordre et de la méchanceté dans le monde, cela, nul n'y consent ! Donc, tout se poursuivra comme toujours et des milliers de gens préparent tous les jours avec zèle la guerre prochaine[2]. »

La société de consommation nous réduit à l'état de consommateurs. C'est en effet presque uniquement en consommant que nous pouvons exprimer notre personnalité et trouver notre sens, vu que notre rôle dans les grandes structures de production dépersonnalisées et « scientifiquement » gérées ne laisse pas de place à la création et à l'action véritables. Même si les chantres du libéralisme vantent la puissance du consommateur-roi qui serait le juge final de toute consommation, nous savons bien qu'avec la publicité, la mise en marché, l'information biaisée et toutes les autres techniques modernes de conditionnement et de vente, la souveraineté du consommateur est un mythe. Comme consommateurs, nous sommes effectivement essentiels au système actuel, mais uniquement en tant que rouages passifs et inconscients.

Nombre de phénomènes expliquent que les gens en soient réduits à cet état. Pour qu'ils acceptent d'acheter autant, de rattacher si étroitement leur besoin de satisfaction à la consommation, de recourir de plus en plus souvent à des services professionnels pour combler leurs divers besoins, il a fallu qu'on réussisse progressivement à leur faire perdre confiance en leur habileté à régler eux-mêmes leurs problèmes ; il a aussi été nécessaire qu'on les empêche de la développer ou même qu'on la détruise ; et par-dessus tout cela s'est ajouté

2. Hermann Hesse, *Le loup des steppes*, Calmann-Lévy, Paris, 1955, p. 121.

l'effritement des solidarités qui a fait des gens des individus isolés pouvant de moins en moins compter sur le réseau des parents et des amis pour les aider.

La consommation est devenue l'activité principale de notre société. D'autres époques nous ont laissé des cathédrales imposantes ou d'autres monuments qui indiquaient l'importance accordée à certaines valeurs, religieuses ou non ; les temples de l'ère actuelle sont ces immenses centres commerciaux qui permettent aux gens de rendre régulièrement hommage au dieu consommation. Pour beaucoup de personnes, la sortie hebdomadaire importante — et parfois unique — est la visite au centre commercial. Même aux heures où les magasins sont fermés, nombre de gens y circulent, admirant les vitrines et rêvant aux achats qu'ils espèrent pouvoir se permettre plus tard !

L'information soutient, renforce et oriente la consommation ; en même temps, elle devient elle-même consommation. Les moyens de communication de masse se simplifient pour convenir à un public de plus en plus vaste, l'information se rétrécit pour répondre aux goûts de spectateurs-auditeurs-lecteurs qui ne veulent connaître que l'« essentiel », c'est-à-dire savoir un peu de tout, ou plutôt pratiquement rien sur un peu de tout. Bombardés d'informations dépouillées de leur contexte, inondés de nouvelles de tout le globe, abreuvés d'images des catastrophes quotidiennes, les gens s'insensibilisent progressivement. Ils sont moins touchés par le sens ou la nature des événements qui leur sont rapportés que par leur aspect spectaculaire. L'information devient progressivement un moyen comme un autre de s'évader du quotidien et de tuer le temps.

L'ennui constitue le problème de base d'une portion croissante de la population. Non que les gens n'aient rien à faire — au contraire, l'industrie de l'évasion est plus florissante que jamais. Mais malgré le bruit des discothèques, les performances des athlètes professionnels et les émissions rutilantes de la télévision... l'évasion n'est que momentanée, et vient le temps où il faut réintégrer sa réalité quotidienne, en particulier son travail.

La consommation est un rituel et presque une religion. Pratiquement tout le monde y adhère, souvent sans trop s'en rendre compte. C'est le courant dominant, et si l'on veut « participer », s'intégrer, vivre avec les autres et en être acceptés, il faut aussi consommer. Elle est devenue une activité compulsive et même lorsqu'on n'en a pas les moyens, on peut consommer grâce au mécanisme du crédit. Mais le crédit lie à l'avance les gains futurs : on achète aujourd'hui ce que les revenus de demain permettront de payer. Prédéterminant ainsi l'usage des gains futurs, on aliène considérablement sa liberté, car le choix de cesser de consommer n'existe plus ; la plupart des gens se retrouvent ainsi dans la situation où même s'ils voulaient arrêter toute consommation non essentielle, ils en auraient pour des années à devoir continuer à payer ce qu'ils possèdent ou ont déjà consommé.

Dans un article intitulé « Le scandale du crédit facile », le chroniqueur financier du quotidien *La Presse* s'insurge contre le crédit trop facile et s'inquiète tout particulièrement du comportement des jeunes :

> Pas moins de 43 % des jeunes Québécois âgés de 18 à 24 ans, soit autour de 280 000 jeunes, disposent de cartes de crédit.
>
> [...] un jeune sur cinq qui gagne un revenu annuel inférieur à 5 000 dollars possède une carte de crédit personnelle ; chez les jeunes qui gagnent entre 11 000 et 15 000 dollars, le pourcentage de détenteurs d'une carte de crédit personnelle augmente à un sur deux.
>
> Parmi ces jeunes détenteurs de cartes de crédits personnelles, toujours selon l'Office de protection du consommateur, 34,1 % en détiennent trois ; 27,2 % en ont deux ; et 38,7 % « seulement » une.
>
> [...] Aux défenseurs des cartes de crédit qui croient que ces dernières ne causent pas des préjudices à la « santé financière » des jeunes, voici une série de statistiques inquiétantes :
>
> – Les cartes de crédit ne servent pas qu'en cas d'imprévus, loin de là ; 82 % des jeunes détenteurs font des achats de vêtements ; 66 % s'en servent pour les sorties ; 56 % pour les réparations d'auto ou de moto ; 51 % pour l'achat de meubles.
>
> – Quelque 44 % des jeunes détenteurs se servent de leurs cartes de crédit dans le but d'obtenir un délai de paiement.
>
> – Quatre détenteurs sur 10 ne remboursent, et ce de façon habituelle, que partiellement leur solde de

cartes de crédit, et par conséquent paient des frais d'intérêt exorbitants[3].

C'est fort inquiétant en effet. De plus en plus de gens travaillent pour enrichir les banques, tout en s'appauvrissant eux-mêmes. Les grands magasins exigent aujourd'hui un intérêt annuel de plus de 20 %. Quant aux institutions de crédit, c'est entre 16 % et 20 % d'intérêt annuel sur le solde impayé qui est perçu à la fin de chaque mois, ce qui augmente considérablement le coût des achats. La possibilité de se procurer tout de suite les biens convoités se traduit par une plus grande consommation ; car beaucoup d'achats sont compulsifs et irrationnels, et s'ils n'étaient pas faits immédiatement, ils ne le seraient jamais.

Et quand on est couvert de dettes, on n'a plus le choix : il faut travailler, quelles que soient les conditions offertes. Le capitalisme a trouvé le moyen pour que les gens fabriquent eux-mêmes leurs propres chaînes...

La consommation de masse est possible grâce à la production de masse. Dans un tel système, l'individu se trouve réduit d'un côté comme de l'autre à un état indifférencié ; tantôt il est un « consommateur moyen », tantôt un employé-ouvrier moyen qui répète incessamment le même travail où l'on peut facilement le remplacer ; « l'homme, en tant que simple roue dans l'engrenage de la machine de la production, se transforme en chose et cesse d'être humain. Il gaspille son temps à faire des choses qui ne l'intéressent pas, avec des gens qui ne l'intéressent pas, produisant des biens

3. Michel Girard, *La Presse*, 12 avril 1995.

qui ne l'intéressent pas[4]. » L'intérêt du travail n'est alors plus de se rendre utile, de contribuer au mieux-être de la communauté et d'en tirer un légitime sentiment d'accomplissement et d'appartenance, mais uniquement un moyen de toucher l'argent qui permettra de consommer. Dans ces conditions, l'individu devient un rouage sans importance. La vie se passe, les décisions se prennent, les événements surviennent au-dessus de lui, quoi qu'il fasse. Il est un spectateur, même de sa vie ; il ira voir le Pape, Michael Jackson ou les Olympiques, pour « participer » à l'actualité.

Avec le temps, la consommation et la production à la chaîne rétrécissent l'individu, au sens où ses facultés inexprimées s'atrophient et le rendent moins capable de diversité, d'originalité, d'adaptation et d'autosuffisance. Sa dépendance aux biens fabriqués et à des services de plus en plus diversifiés grandit. Sa confiance en ses capacités diminue ; devant le moindre problème, il fait appel aux experts. Il laisse la conduite des affaires publiques aux politiciens, votant tantôt pour un parti, tantôt pour l'autre, mais sans avoir l'impression d'y changer grand chose. Finalement, il en arrive à avoir si peu confiance en lui et en ses possibilités d'influer sur le cours des choses qu'il est désabusé. Le sentiment d'impuissance qui l'envahit l'empêche d'envisager même la possibilité que la situation change. Et quand on se sent ainsi, il faut taire sa conscience ; car la conscience des injustices dans le monde, des menaces à la

---

4. Eric Fromm, *La revolución de la esperanza, Fondo de cultura económica*, Mexico, 1970, p. 47.

vie, de l'inutilité même de sa vie en même temps que le sentiment d'impuissance devant les possibilités d'y changer quoi que ce soit s'avère une situation intolérable.

CHAPITRE IV

Changer de cap

NOUS DEVRIONS envisager la crise actuelle comme « le temps du changement[1] », comme une occasion d'analyser nos orientations fondamentales et d'effectuer, dans notre genre de vie, les modifications qui permettraient de nous occuper des vrais problèmes nous assaillant ainsi que des menaces pesant sur nos vies. On a coutume de percevoir une crise comme un moment difficile, pénible et désagréable. Certes, nous sommes alors profondément touchés ; c'est d'ailleurs ce qui nous force à nous remettre en question. Mais au lieu de la déplorer, au lieu de ne chercher désespérément qu'à en sortir au plus tôt, nous pouvons profiter de l'occasion pour tenter de trouver un nouvel équilibre, plus satisfaisant que l'ancien.

La crise actuelle n'affecte pas tout le monde, pour le moment du moins. Cependant, si on ne trouve pas

1. Titre du livre de Fritjof Capra publié aux Éditions du Rocher, Monaco, 1983.

de solutions adéquates pour éviter d'atteindre le point de non-retour, alors les conséquences risquent d'être tragiques pour tous. Quand la couche d'ozone sera complètement détruite, nous ne serons plus protégés des rayons nocifs du soleil. Lorsque l'air aura atteint une concentration suffisante de produits toxiques pour provoquer des mutations de nos cellules génitales, nous commencerons à engendrer des monstres. Mais pour l'instant, dans les pays industrialisés, les effets de la crise sont davantage sociaux ; ils se font cependant sentir dans des secteurs de plus en plus étendus de la population. Beaucoup de gens qui ont bien intégré la philosophie libérale croient encore qu'ils manquent de chance ou d'occasions, et ne remettent en cause ni les orientations ni les structures sociales.

Nous nous trouvons aujourd'hui à une croisée de chemins. Cette technologie si puissante en laquelle on a mis tous les espoirs détruit l'environnement, creuse les inégalités et développe des germes toujours plus nombreux de désastres planétaires. Cette technologie qui facilite la consommation de masse et par voie de conséquence l'élargissement du champ de l'avoir par rapport à celui de l'être diminue considérablement la capacité de choisir. Les gens en viennent à croire sincèrement qu'ils ne peuvent trouver leur épanouissement et leur bonheur que dans la possession du plus grand nombre d'objets, et ils veulent tout avoir et le plus tôt possible. C'est la philosophie du *here and now* qui règne. Or il n'est pas possible de tout avoir, car tout ce qui fait l'intérêt de la vie ne se limite pas aux biens matériels. De plus, je ne peux être en même temps ici et ailleurs. Mon enracinement à une communauté donnée, dans un certain climat et dans un environnement défini, me procurent une sécurité, un sens de la continuité et une sérénité réconfortantes ; mais l'ailleurs, la nouveauté et la découverte d'horizons inconnus me stimulent et m'enchantent. De toutes façons, il faut toujours procéder à des choix. Je ne puis vivre deux vies différentes en même temps, je ne puis être à deux endroits au même moment.

Une part importante de nos besoins sont immatériels et se situent au niveau de l'âme, des sentiments, des états d'être. Nous sommes un tissu de contradictions qu'il est impossible de démêler totalement et pour toujours. Chaque jour, si nous voulions vivre intensément, nous aurions des choix à faire ; mais nous avons abdiqué notre faculté de choisir pour tomber dans la consommation.

Dans cette société inondée de biens matériels, nous oublions de réfléchir. Nos facultés cérébrales servent plus que jamais — nous les développons par des années d'étude toujours plus longues, nous les utilisons dans des lieux de travail où nos muscles nous servent de moins en moins, nous disposons de formes diversifiées de loisirs cérébraux. Tout cela est bien organisé et orienté dans le sens du maintien du *statu quo,* car ainsi nous n'utilisons pas souvent notre intelligence pour mettre en perspective la trame de nos vies. Nous n'avons qu'une vie — sous cette forme en tout cas ; et de toute façon, quels que soient l'antérieur et l'ultérieur, je ne crois pas qu'on puisse imputer à qui que ce soit le passé ni lui imposer un présent en échange d'un aléatoire futur dans une autre vie sous une autre forme. Il importe dès lors de tenter de ne pas gâcher sa vie présente. La crise actuelle nous convie à une remise en question qui pourrait s'avérer fort utile en ce sens.

Toute situation de crise engendre une grande tension. Les mécanismes sociaux qui permettaient un fonctionnement « normal » s'avèrent alors incapables de répondre aux situations nouvelles. La crise sera résolue quand on aura amélioré ces mécanismes — c'est la réforme —, ou quand on les aura changés — c'est la révolution. Or aujourd'hui ces deux voies apparaissent sans issue.

Du côté de la réforme, il me semblerait absolument catastrophique que nos sociétés retrouvent le rythme de croissance des « bonnes années » et que soient relancées à pleine capacité la production et la consommation. Et du côté de la révolution, comme l'écrit Viviane Fiedos, « les vieux modèles politiques, qui se sont générés les uns les autres, n'ont plus aucune substance. L'idéal révolutionnaire tel qu'on le concevait, piétiné, sali, démystifié, est mort. Aujourd'hui, on associe presque automatiquement politique, parti, mouvement, groupe idéologique à manipulation, récupération [2] ». C'est donc « la méfiance, le désabusement, le manque de perspectives cohérentes » qui démobiliseraient beaucoup de jeunes et les empêcheraient de s'engager dans des actions visant à changer la société. Tout cela me semble bien vrai ; et ce ne sont pas seulement les jeunes

2. Viviane Fiedos, « Immobilisation générale ! », *Contretemps*, mai 1984.

qui sont désabusés, mais une bonne part de ceux qui ont pris conscience des défauts majeurs de notre société et qui ont tenté d'y remédier. Il n'y a pas si longtemps, nombreux encore étaient ceux qui se laissaient séduire par le modèle marxiste et qui militaient dans des mouvements ou dans des groupes qui appliquaient ses théories sans trop de discernement. Ces organisations fonctionnaient sur des bases si strictes qu'elles produisaient des militants déshumanisés. Comment ces gens qui reniaient leurs besoins les plus fondamentaux auraient-ils pu nous construire une société épanouissante?

Dans nos pays industrialisés, d'authentiques révolutions ne sont pas près de poindre. Collectivement, nous ne sommes pas prêts à sabrer dans notre consommation ; la plupart des gens ne peuvent envisager d'autres paradis que leur auto individuelle, leurs autoroutes (si possible sans péages!), leur maison en banlieue, leurs discothèques, leurs « joints », leurs brasseries, etc.

« La nécessité est mère de l'invention », dit la sagesse populaire. Et si nous profitions de la crise pour revoir nos façons de vivre, pour établir un nouvel ordre dans la hiérarchie de nos valeurs ? Si la crise dure, et il semble bien qu'on doive s'y attendre, il faudra bien que nous tentions de survivre d'une façon ou d'une autre. Pourquoi, au lieu de ne chercher que des accommodements temporaires qui permettraient d'attendre l'après-crise et la reprise économique — au prix d'une guerre ou de je ne sais quel autre soubresaut du capitalisme —, pourquoi ne pas tenter d'amorcer cette *révolution intérieure* et personnelle qui seule peut conduire à une révolution collective authentique ? Nous avons en effet un long chemin à parcourir avant de découvrir les façons de retrouver notre place dans notre niche écologique : les êtres humains sont aujourd'hui tellement nombreux et ils ont développé un si grand nombre de technologies complexes qu'il n'est pas possible de retourner tout simplement aux modèles du passé. Nous devons chercher ensemble les voies qui nous conduiront à cette nouvelle société, à ces nouvelles façons de vivre qui satisferont véritablement tous nos besoins profonds tout en respectant ceux de notre milieu ambiant.

Trois voies d'action qui se complètent l'une l'autre m'apparaissent nécessaires :

– nous devons retrouver les valeurs fondamentales, notre civilisation de la production–consommation les ayant perverties et dénaturées ;

– nous devons établir un minimum de consensus social sur les changements qu'il faudrait effectuer, sans quoi nous n'arriverons jamais à construire une société harmonieuse ;

– nous devons expérimenter des façons de vivre qui s'écartent de la consommation à outrance.

Plusieurs ne manqueront pas de me reprocher ce qu'ils percevront comme une orientation individualiste. Ils n'auront pas saisi l'importance que j'accorde à l'action collective, comme on pourra le constater plus loin ; mais il m'apparaît essentiel que les actions entreprises soient le fait d'individus en ayant pleinement saisi le sens, ayant intégré dans leurs propres vies les valeurs qu'elles sous-tendent ; des individus non pas totalement portés par un mouvement ou une organisation, mais capables de cheminer longtemps par eux-mêmes, quelles que soient les difficultés rencontrées.

À ce jour, la plupart des révolutions ont donné lieu à l'émergence de chefs charismatiques qui réussissaient à prendre le contrôle du mouvement de masse. Mais ce schéma hiérarchisé conduisait à des structures également hiérarchisées ; et grosso modo, les changements étaient, d'un côté, imposés à ceux qui y perdaient, et accordés, de l'autre, à ceux qui y gagnaient. Dans les deux cas, les individus n'avaient pas à cheminer profondément pour se changer eux-mêmes. On peut implanter ainsi des modifications de structure ou d'organisation ; mais on ne peut opérer des changements profonds de valeurs sans que les individus en changent eux-mêmes. Et c'est ce dont nous avons besoin aujourd'hui.

Il n'existe pas de formule infaillible pour modifier les valeurs. Nombre d'organisations ou de mouvements œuvrent dans des champs idéologiques qui touchent aux valeurs, mais aucun n'a encore réussi à mettre au point une stratégie qui lui permette d'occuper la totalité du terrain. Nous pouvons cependant être sûrs que si un nombre important d'individus adoptent un certain ensemble de valeurs, cela constituera un moyen efficace de les répandre ; car nécessairement leurs comportements en seront modifiés, ce qui affectera leurs relations avec les autres, qui ne pourront manquer d'en être influencés.

Ériger une muraille requiert une multitude de briques. Chacune d'entre elles semble bien peu importante, mais le mur ne peut être construit qu'avec un grand nombre de briques. Quand il n'existe qu'un seul four pour les fabriquer, la production est lente, mais elle progresse tout de même. Plus il y a de fours, plus la production s'accélère. Cette muraille qu'il nous faut aujourd'hui construire pour arrêter le torrent qui risque de nous emporter, nous l'érigerons d'autant plus rapidement que nous la commencerons tôt et que nous serons nombreux à y travailler. Il ne faut cependant surtout pas attendre que règne une activité fébrile autour de la muraille pour s'en laisser convaincre ; il risque alors d'être trop tard.

Déjà, un peu partout dans le monde se réalisent des actions à contre-courant. Les théories de la physique quantique et surtout les hypothèses qu'en tirent les Capra, Dossey et autres donnent un nouveau relief à l'influence que pourrait avoir sur l'ensemble des changements qui se produisent chez un seul individu. « C'est ainsi que la physique moderne révèle l'unité fondamentale de l'univers. Elle montre que nous ne pouvons pas décomposer le monde en unités infinitésimales existant de façon autonome [...] chaque événement est influencé par l'ensemble de l'univers [...]. L'univers est conçu comme un tissu dynamique d'événements interconnectés. Aucune des propriétés d'une partie quelconque de ce tissu n'est fondamentale ; elles découlent toutes des propriétés des autres parties, et la cohérence générale de leurs interactions détermine la structure du tissu entier[3]. » Un seul individu ne peut donc changer sans que l'ensemble n'en soit influencé. Les adeptes de la Méditation Transcendantale parlent, pour leur part, de l'« effet Maharishi », ce « phénomène par lequel un pour cent environ d'une population donnée pratiquant la technique de la Méditation Transcendantale peut créer une influence d'ordre et de cohérence qui se répand dans la conscience collective de toute la société[4] » ; ils ont réalisé plusieurs expériences qui prouveraient cet effet.

Pour sa part, un biologiste et botaniste anglais, Rupert Sheldrake, avance l'idée que chaque être vivant crée autour de lui un champ morphogénétique composé d'informations relatives à ce qu'il est, à ce qu'il apprend, à ce qu'il pense, à ce qu'il expérimente ; les autres êtres de la même espèce sont exposés à ce champ, indépendamment de la distance et du temps, de telle sorte que son influence se perpétuera même après sa mort. À l'heure qu'il est, Sheldrake a fait de multiples expériences et a démontré la réalité de sa théorie.

Ce que chacun de nous est et devient n'est pas indifférent au reste du monde ; que voilà une constatation encourageante ! Car au lieu d'être réduits à l'état de témoins impuissants, nous devenons des acteurs et des promoteurs des changements que nous voulons voir survenir. Et nous serons d'autant plus efficaces que nous nous engagerons dans une action sociale consciente.

---

3. Fritjof Capra, *Le temps du changement*, *op. cit.*, p. 7 et 80.

4. *Créer une société idéale,* International Association for the Advancement of the Science of Creative Intelligence, 1979, p. 4.

En effet, sensibiliser tous ceux que nous pouvons rejoindre constitue une première action logique. D'ailleurs, passer de la conscience individuelle à la conscience partagée s'avère souvent un élément de renforcement important. Déjà, les gestes concrets qui ne peuvent manquer de découler des options qu'une personne a choisies devraient amener l'entourage à réfléchir ; ajouter la parole pour renseigner et expliquer peut aussi aider.

La création de structures d'accueil et de support aux « mutants », à ceux qui ont opté pour le changement, peut grandement favoriser leur cheminement vers de nouvelles valeurs. J'entends par ces structures divers organismes, mouvements ou regroupements qui permettent aux gens de se soutenir mutuellement dans leurs nouveaux comportements et de se faciliter la tâche. Ainsi, établir un réseau de coopératives d'aliments naturels facilite le passage à une meilleure alimentation et pourrait constituer un instrument efficace pour provoquer une remise en question des techniques agricoles aujourd'hui utilisées dans l'agriculture industrielle. Quand nos choix nous amènent à aller à contre-courant, il devient très important de se sentir au coude à coude avec d'autres qui vont dans le même sens, sinon le danger est grand de se voir emporter par le courant.

L'existence de regroupements, tout en étant essentielle pour faire progresser de nouvelles valeurs et très importante pour soutenir les individus, ne doit pas mener à l'embrigadement systématique. Chacun possède une personnalité plus ou moins axée sur la communauté, au sens où pour certains, les besoins de contact avec les autres, de solidarité et d'appartenance au groupe sont très forts alors que pour d'autres, ils sont faibles. Il n'est donc pas question de forcer tout le monde à adopter le même modèle de comportement et à s'intégrer à des structures qui conviennent fort peu à ceux qui se situent plus près du pôle individualiste. On peut d'ailleurs fort bien appartenir au type individualiste sans être anticommunautaire, en favorisant notamment l'établissement de solutions communautaires, qu'on utilisera peut-être moins soi-même, mais dont on reconnaît l'importance pour l'ensemble de la société.

Devant l'ampleur des problèmes et la multiplicité des actions qu'il faudrait entreprendre pour les résoudre, un profond sentiment d'impuissance s'est emparé de la plus grande partie de la population. Devant la complexité de l'organisation sociale, l'interdépendance des diverses décisions politiques qui sont prises chaque jour, l'énormité des fortunes accumulées par certains et le poids qu'elles leur confèrent, les gens s'imaginent n'avoir pas le pouvoir d'y changer quoi que ce soit. Ceux qui détiennent une part du pouvoir et qui trop souvent s'en servent d'abord pour leurs intérêts personnels voient d'un excellent œil cette démission de la population ; la vie leur en est d'autant facilitée. Cependant, malgré les défauts de notre démocratie, il faut reconnaître que nous pouvons encore y exprimer notre point de vue, y faire progresser nos idées et même contribuer à changer les orientations collectives, à condition évidemment d'y consacrer beaucoup d'efforts. Les décisions politiques prises au jour le jour engagent notre avenir collectif; avant de conclure à l'absence totale de voies pour influencer ceux qui les prennent, il faudrait avoir sincèrement essayé d'y parvenir.

CHAPITRE V

La révolution intérieure

SI NOUS TENONS à notre santé, si nous croyons à la vie, si nous voulons un avenir pour notre descendance, des changements majeurs s'imposent dans nos façons de vivre, individuelles et collectives. Acculés au mur, bien des gens acceptent de remettre en question certains de leurs comportements ; ainsi, la crise du pétrole du début des années 1970 a montré qu'on pouvait considérablement en réduire la consommation. Mais aujourd'hui, il faut plus que s'adapter à la pénurie ; certes, on pourrait trouver une série de recettes qui diminueraient les effets destructeurs sur l'environnement, mais très rapidement les problèmes resurgiraient ailleurs. Comme l'explique l'artiste autrichien Hundertwasser, qui depuis nombre d'années tente d'attirer l'attention sur les travers de notre civilisation, « sans création et sans créativité, rien ne fonctionne » :

> Nous passons de la construction de voitures à la production de nouvelles génératrices, de bicyclettes,

> d'usines de traitement des eaux usées, de pots catalytiques et de piles solaires. Au lieu de produire des armes et des mitrailleuses, les mêmes usines, les mêmes personnes, la même mentalité, les mêmes salaires et les mêmes matériaux sont utilisés pour produire des radiateurs solaires. Nous utilisons le même savoir-faire technologique. Cela ne fonctionne tout simplement pas parce qu'on ne peut accéder à un âge nouveau en traînant avec soi sa vieille mentalité. Il faut tout reprendre à zéro et chacun doit assumer sa part de responsabilités. C'est très difficile, mais il n'y a pas d'autre façon d'y parvenir[1].

En fait, nos difficultés ne viennent pas d'un ou de quelques comportements fautifs, mais de notre façon globale de nous comporter, laquelle découle de nos valeurs fondamentales. Et changer ses valeurs n'est pas facile. Dans les domaines qui nous préoccupent, ainsi que nous pourrons le voir plus loin, ce n'est pas tant d'un changement radical de valeurs dont nous avons besoin que d'une redécouverte de valeurs humaines négligées, oubliées et contaminées par un courant néfaste.

Rationnellement, les raisons ne manquent pas de s'interroger sérieusement sur la frénésie de consommation qui caractérise nos sociétés :

– du point de vue environnemental : le bilan des effets de cette consommation est déjà fort lourd, tant du côté des diverses conséquences de la pollution que du côté de l'épuisement des ressources ; et comme tous

---

1. Cité dans John K. Grande, *Art, nature et société*, Éditions Écosociété, Montréal, 1997, p. 81.

les pays travaillent à augmenter leur croissance économique, il n'en peut résulter qu'une dégradation de l'environnement ;

– du point de vue éthique : comment justifier la surconsommation des pays industrialisés devant la misère croissante que connaît le tiers monde ? Que dire aux Chinois qui voudraient bien manger autant que nous, qui travaillent ardemment à « développer » leur pays pour atteindre notre niveau de vie ? Pour se développer « comme nous », la Chine est en train d'aménager l'un des plus grands fleuves du monde et de déplacer, pour ce faire, des millions de personnes ; c'est catastrophique, mais que pouvons-nous dire ? Si l'image du « village global » s'applique, c'est bien ici : tant la disponibilité des ressources que la capacité d'absorber les déchets de nos activités sont limitées, sur cette planète fermée. La part de biens que nous nous attribuons n'est plus disponible pour les autres ; or nous avons déjà tellement prélevé sur le capital global ;

– du point de vue individuel : comme la consommation est le leitmotiv de notre civilisation, chacun cherche par tous les moyens à se procurer son auto, sa télé, son baladeur... chacun se retrouve de plus en plus seul, avec toutes sortes de moyens pour s'hébéter — bruit, musique, « humour » commercialisé, télévision, sports–spectacles. Et pour payer tout cela, on commence à travailler à temps partiel dès ses études secondaires, puis on recourt au crédit et ensuite, on doit continuer à travailler à n'importe quelles conditions, pour payer ses dettes ou entretenir ses désirs de consommation. On ne peut plus alors se permettre de perdre son emploi et on accepte de faire n'importe quoi, pourvu que l'argent entre chaque semaine. On travaille, on consomme, mais on partage de moins en moins. On se débrouille comme on peut, chacun pour soi ; on est « indépendant », c'est-à-dire qu'on ne compte plus sur les autres pour vivre... et les autres ne peuvent plus compter sur nous.

Le système convertit donc le citoyen en *homo consumens*, « l'homme dont le but principal n'est pas initialement de *posséder* des choses, mais de *consommer* de plus en plus, et de compenser ainsi son vide intérieur, sa passivité, sa solitude et son anxiété[2] ». La manipulation organisée par une armée d'agents de publicité tous plus efficaces les uns que les autres stimule la boulimie de la consommation. Comme la capacité de consommer a des limites, mais que l'appétit des producteurs n'en a pas, ces derniers ont développé toute une panoplie de stratégies pour maintenir leurs marchés : obsolescence planifiée, invention constante de gadgets aussi inutiles qu'éphémères, technologies nouvelles, le tout massivement appuyé par une publicité omniprésente.

Cependant, force est de constater qu'une société de consommation ne peut combler les besoins profonds de tous ses membres. D'une part, il ne faut pas oublier qu'à la source de la consommation, il y a la production ; et celle-ci n'est pas une activité sociale, mais une entreprise à but lucratif dans un monde de

---

2. Erich Fromm, *De la désobéissance et autres essais,* Éditions Robert Laffont, Paris, 1983, p. 30.

forte concurrence. Qui dit concurrence annonce exploitation. Même dans les sociétés dites d'abondance, il y a une forte proportion de gens qui reçoivent un salaire à peine suffisant pour survivre ou qui doivent recourir à l'aide sociale parce qu'ils n'ont pas de travail. Tous ces gens sont aussi exposés au matraquage publicitaire et développent les mêmes « besoins » que l'autre partie de la population ; mais ils restent constamment sur leur « faim ». Certains exclus cherchent à se procurer leur « dû » par les moyens qu'ils trouvent : la magouille ou la violence, ce qui fait que la société offre de moins en moins de sécurité. D'autre part, même ceux qui peuvent se procurer les biens de consommation offerts n'accèdent pas au bonheur, car pour maintenir leur niveau de consommation, ils doivent adopter un mode de vie qui les éloigne des véritables sources de bonheur et de la vraie liberté.

« Comment se fait-il, s'interroge Erich Fromm, qu'une société réussisse à se ménager la soumission de la plupart de ses membres, alors que ces derniers souffrent du système qui leur est imposé, et que leur raison leur dit que cette soumission leur est préjudiciable ? Comment se fait-il que leurs *véritables* intérêts, en tant qu'êtres humains, ne l'aient pas emporté sur leurs intérêts *factices* produits par toutes sortes d'influences idéologiques et autres lavages de cerveau[3] ? » Fromm offre cette réponse à ces questions : « Dès qu'une société est parvenue à façonner la structure de caractère de l'individu moyen, de telle sorte qu'il aime faire ce qu'il

3. *Ibid.*, p. 27.

doit faire, cet individu se trouve satisfait des conditions que la société lui impose. Comme le dit l'un des personnages d'Ibsen : « Il peut faire tout ce qu'il a envie de faire parce qu'il n'a envie que de ce qu'il est en mesure de faire. » La société parvient à ce résultat par divers moyens — les Églises, l'école, les milieux de travail et même, selon Fromm, par les méthodes éducatives des parents. Pour ne parler que du rôle de l'école, je suis convaincu depuis longtemps que la fonction première de cette institution n'est pas d'enseigner les diverses matières du programme, mais d'inculquer la discipline — d'amener les jeunes à être capables de rester assis à un pupitre pendant cinq ou six heures par jour, même si c'est contre-nature —, d'aplanir les différences qui caractérisent chaque être humain et d'assassiner la créativité. L'enfant y apprend aussi l'obéissance, condition essentielle de la soumission.

L'efficacité des mécanismes d'asservissement est telle que la majorité accepte passivement l'« ordre » actuel, qui donne à ceux qui ont un pouvoir d'achat la liberté de se procurer les produits qu'ils désirent. Mais là n'est pas la vraie liberté. Pour la conquérir, il faudrait s'affranchir des contraintes qui empêchent de s'épanouir. On n'y arrive évidemment pas en se débarrassant de ses responsabilités sociales — c'est en fait la voie que plusieurs empruntent avec l'hégémonie du moi qui caractérise la société —, car on ne pourra s'épanouir complètement que dans une société autre. Ce qu'il faut, c'est plutôt se libérer de l'obligation de gagner beaucoup d'argent, des modes et des courants qui forcent à renoncer à ses différences et parvenir à un esprit communautaire véritable, où l'on ait le goût et la possibilité d'œuvrer avec les autres quand il le faut.

Pour arriver à redonner la place qui leur revient aux valeurs compatibles avec un avenir meilleur, la voie à emprunter me semble comporter trois étapes : un acte de lucidité d'abord, de volonté ensuite et enfin une période d'action.

Avant d'amorcer quelque changement que ce soit dans sa vie, il est nécessaire de procéder à un examen critique de son mode de vie ainsi que des valeurs qui le sous-tendent et surtout d'en soupeser les conséquences. Erich Fromm croit qu'il est possible de changer si les conditions suivantes existent :

1. Nous souffrons et nous en sommes conscients.
2. Nous connaissons l'origine de notre mal-être.
3. Nous savons qu'il existe une façon de venir à bout de notre mal-être.
4. Nous admettons que, pour venir à bout de notre mal-être, nous devons suivre certaines normes de vie et changer notre mode d'existence[4].

L'un des nœuds du problème actuel est que beaucoup de gens n'ont pas conscience qu'ils pourraient vivre autrement et s'en trouver beaucoup mieux. C'est en effet une des caractéristiques de la société de consommation d'anesthésier la conscience et de faire en sorte que la majorité n'éprouve plus de malaises même en vivant mal. Il faut un effort conscient pour aller

---

4. Erich Fromm, *Avoir ou être ?*, Éditions Robert Laffont, Paris, 1978, p. 194.

au-delà du confort matériel et s'interroger sur son être ; ce n'est qu'alors qu'un certain mal-être peut naître. Le but de la vie n'est ni d'avoir le plus de choses possible, ni de faire ou de vivre le plus grand nombre d'expériences ; l'important est de s'épanouir, d'atteindre à la plénitude. Sans tomber dans le masochisme, ce questionnement s'impose aujourd'hui ; surtout que la souffrance ainsi éveillée n'est pas incurable, qu'il est possible d'y remédier par diverses actions.

Une fois le diagnostic posé, il s'agit de commencer à changer son mode d'existence. Très vite, on doit se rendre compte que sa vie est guidée par une série d'habitudes qui permettent d'agir sans réfléchir. De cette façon, on est porté par les événements et on n'exerce que fort peu de contrôle sur eux. Les habitudes, même si elles conduisent parfois à des dysfonctionnements, permettent de demeurer en terrain connu et de se sentir en sécurité. Il est toujours difficile de s'en débarrasser. La pleine conscience, qui requiert l'examen de chacun de ses actes, incluant ses mobiles et ses conséquences, s'avère un mode de vie exigeant. Aussi est-il fréquemment nécessaire de se secouer et de faire d'importants efforts de volonté.

Une fois le changement de valeurs bien amorcé, les comportements qui en découlent suivent et les efforts requis deviennent moins difficiles. Même si une bonne dose de vigilance demeure nécessaire — les valeurs dominantes continuent à présenter de nombreux attraits —, la satisfaction de vivre en plus grande harmonie avec soi, avec les autres (en ayant la certitude de ne leur causer aucun préjudice) et avec l'environnement (en ne contribuant pas à sa détérioration) suffit pour persister dans la voie choisie.

À l'heure actuelle, toute la société vit sur le « mode avoir », comme l'a si bien démontré Fromm. Cette orientation influence toutes les valeurs. Comme notre survie dépend de notre passage au « mode être », nos valeurs devront changer. Voici les quatre valeurs qu'il me paraît stratégiquement important d'identifier et de modifier en profondeur, si l'on veut arriver rapidement à des changements significatifs dans notre société :

- la préoccupation de la quantité, qu'il faudrait remplacer par la recherche de la qualité ;
- la solidarité plutôt que l'individualisme ;
- la participation plutôt que la compétition ;
- l'autonomie plutôt que la dépendance.

Quantité et qualité

Notre société est obsédée par les chiffres. Tous les phénomènes sont quantifiés, mesurés et comparés. Les économistes sont de nouveaux dieux ; on les consulte comme s'ils étaient des oracles. N'a de valeur que ce qui est économique, c'est-à-dire qui peut se traduire en chiffres. La culture n'a d'importance qu'en fonction de ses retombées économiques, le travail des femmes, que s'il rapporte un salaire, les tâches accomplies à domicile ou gratuitement sont dévalorisées. Posséder est synonyme de bonheur : plus on est riche et plus on gagne d'argent, plus on peut acquérir de biens et, croit-on, être heureux. Presque personne ne doute que la richesse soit la meilleure voie d'accès au bonheur ; ou plutôt la question ne se pose même pas, comme si la possession elle-même était le bonheur. On confond « quantité » et « qualité », « plus » et « mieux ». La considération sociale tient aux revenus des gens — plus tu gagnes, plus tu vaux — et à leurs biens ; sont à toute fin pratique exclus de la société ceux qui ne possèdent rien, les sans-logis, les assistés sociaux et les chômeurs.

Individualisme et solidarité

La modernisation des sociétés a eu plusieurs effets, entre autres de favoriser et de forcer les migrations vers les grandes villes. Les gens qui ont quitté leur village ou leur petite ville ont laissé derrière eux leurs parents et leurs amis ; ils se sont retrouvés seuls, privés du réseau de solidarité sur lequel ils avaient pu antérieurement compter. Ils ont dû apprendre à se débrouiller par eux-mêmes. Les familles ont progressivement rétréci, passant de la forme étendue à la forme nucléaire et aujourd'hui, de plus en plus à la structure monoparentale. Certes, on a trouvé diverses solutions pour répondre aux besoins provoqués par la disparition des solidarités naturelles : il existe dans certains milieux des manières de s'entraider, des réseaux d'amis ou des organismes qui d'une certaine façon remplacent la famille étendue. Mais la plupart des solutions demeurent individuelles et s'appuient sur une augmentation de la consommation. Les appareils électro-ménagers se multiplient, les loisirs deviennent toujours plus consommables à domicile (le « câble », le vidéoscope, la micro-informatique, Internet, etc.), l'automobile se

« démocratise » et permet de s'isoler en se déplaçant. Même les besoins qui ne peuvent être comblés par des biens matériels sont progressivement récupérés par des services publics ou de plus en plus privés : il existe diverses formes de gardiennage pour les enfants, des services d'accompagnement vers la mort pour les personnes âgées, des services de restauration à domicile pour ceux qui veulent recevoir leurs amis, des télégrammes chantés pour vous éviter un déplacement lors d'un anniversaire, etc. Mais toutes ces solutions à l'individualisme conduisent à un individualisme plus accentué encore ; c'est d'ailleurs essentiel à la survie de notre système économique qu'il en soit ainsi, car son expansion repose sur la multiplication des unités de consommation et leur diversification. Plus les gens seront isolés, moins ils pourront compter sur les autres et plus ils ne devront s'en remettre qu'à eux-mêmes et à ce qu'ils peuvent acheter.

Compétition et participation

À partir du moment où on accorde tant d'importance à l'avoir plutôt qu'à l'être, beaucoup de personnes qui estiment ne pas suffisamment posséder se sentent dévalorisées et perdent leur estime d'elles-mêmes. Elles cherchent alors à s'affirmer en se comparant aux autres et si possible en les dépassant. Leurs activités avec les autres deviennent compétitives ; au lieu de prendre part à des actions ou à des tâches communes, ces gens tentent de se réhabiliter à leurs yeux et à ceux des autres en se montrant supérieurs. Là encore, la publicité encourage habilement cette attitude, car cet esprit de compétition fait augmenter la consommation ; les gens ne veulent pas seulement avoir plus, mais avoir plus et mieux que les autres, ce qui conduit à une incessante surenchère. Par ailleurs, dans de nombreux milieux (travail, études, politique...), seuls les « battants » réussissent à faire leur chemin.

Dépendance et autonomie

Les gens comptent de plus en plus sur l'acquisition de biens ou l'achat de services d'experts pour les tâches qu'ils n'ont plus le temps ou l'énergie de faire eux-mêmes. D'ailleurs, avec les années, ils en perdent même la capacité. De plus en plus spécialisés, ils accomplissent de mieux en mieux des activités de plus en plus restreintes, mais la plupart du temps au détriment des autres activités. Et progressivement, à force de confier à d'autres le soin de combler la presque totalité de leurs besoins, ils se convainquent qu'ils ne seraient pas capables de le faire eux-mêmes, ils perdent confiance en leurs capacités, ils deviennent de plus en plus dépendants.

Parallèlement à cette incapacité croissante d'organiser soi-même sa vie, on assiste à la multiplication de « besoins » savamment créés par la publicité directe ou indirecte. Or comme le souligne Schumacher, « toute multiplication des besoins tend à augmenter la dépendance à l'égard de forces extérieures qui échappent à notre contrôle[5] ».

---

5. E.F. Schumacher, *Small is Beautiful*, Contretemps/Le Seuil, Paris, 1978, p. 33.

Ces valeurs, qui dans une civilisation matérialiste sont à la base des comportements doivent céder la place à d'autres valeurs qui permettraient une plus grande harmonie aussi bien personnelle qu'avec son milieu extérieur. Parvenir à opérer ce changement pose un défi immense, à cause du nombre important de personnes appelées à changer, à cause du peu de temps qui reste avant que n'éclatent des situations déjà fort tendues et enfin, à cause de l'ampleur des changements souhaitables. Dans les prochains chapitres, nous analyserons divers aspects de nos vies pour découvrir comment les valeurs quantité–individualisme–compétition–dépendance les affectent et pour tenter d'explorer les moyens de leur substituer d'autres valeurs porteuses d'un avenir collectif meilleur, soit la recherche de la qualité, de la solidarité, de la participation et de l'autonomie.

Deuxième partie
La vie quotidienne

CHAPITRE VI

Une alimentation qui réponde à nos besoins

DANS TOUT LE RÈGNE animal, manger est la première préoccupation, sinon la principale activité. Il en a été longtemps ainsi pour l'humanité, et même encore aujourd'hui, des millions de personnes consacrent tout leur temps à chercher leur nourriture, sans même y réussir adéquatement. Manger est la base même de la vie ; on se reconstruit constamment à partir de ce qu'on ingère ; en un an, plus de 96 % des atomes qui composent le corps sont remplacés. Les civilisations modernes et urbaines ont trouvé le moyen d'assurer à leurs populations une vaste disponibilité alimentaire ; mais la pléthore d'aliments offerts a fait perdre la notion de leur importance : on peut facilement se procurer certains aliments et on les consomme sans se poser de questions ; on mange parce qu'il faut se nourrir, consacrant à cette activité qu'on banalise le moins de temps et le moins d'argent possible.

Quand on construit une maison, si on la veut solide, on choisit des matériaux solides. Quand les aliments à partir desquels nous nous reconstruisons sont de mauvaise qualité, à quoi peut-on s'attendre ? Comment comprendre qu'on abandonne si facilement son alimentation à des gens qui n'ont d'autre préoccupation que leur profit ? Car là est l'unique fin des plus grandes industries alimentaires mondiales, celles qui réalisent les plus grosses ventes et dont les produits forment la plus importante partie du panier à provisions du consommateur moyen. Ces industries exploitent les travailleurs et les terres du tiers monde, elles imposent aux agriculteurs leurs semences transformées par ingénierie génétique, leurs engrais chimiques et leurs pesticides multiples, elles ajoutent des agents de conservation à leurs produits, les « enrichissent » de vitamines artificielles, y introduisent diverses essences ainsi que du sel et du sucre en quantité pour les mettre au goût des consommateurs, en enlèvent les substances coûteuses pour les remplacer par des huiles et autres gras sans valeur. L'industrie de la restauration rapide, dont le chiffre d'affaires croît à une très grande vitesse, repose sur les mêmes principes : exploiter sa main-d'œuvre et employer des matières de qualité inférieure pour abaisser ses coûts. On fabrique aujourd'hui synthétiquement des fromages, des tomates, des fraises et quoi d'autre encore ; ces produits ainsi qu'un gras de mauvaise qualité, le sucre en quantité et des additifs multiples constituent souvent les ingrédients de base de la restauration rapide.

En Amérique du Nord, l'agriculture est devenue une industrie qui cherche constamment à augmenter sa productivité. Dans un monde où la famine continue d'affliger de nombreuses populations, une telle orientation pourrait paraître fort pertinente. Malheureusement, cette volonté de produire davantage à moindres coûts n'a absolument rien à voir avec la faim dans le monde ; elle ne répond qu'à la recherche d'un plus grand profit. Globalement, nous disposons déjà d'assez de nourriture pour satisfaire toute l'humanité ; mais cette nourriture est mal distribuée, car seuls ceux qui peuvent la payer y ont accès alors que d'importants surplus sont détruits, faute d'acheteurs.

De la production de masse en agriculture résultent de nombreuses conséquences. Les économistes nous disent que l'augmentation de la productivité a permis de maintenir à un niveau très bas le prix du panier à provisions, en comparaison du coût des autres biens. Mais cet effet positif est vite annulé lorsqu'on prend en considération tous les effets négatifs qui découlent des méthodes agricoles modernes sur l'emploi, l'environnement et la santé.

L'emploi

On a beaucoup envié aux cultivateurs leur vie autonome et près de la nature. Bien sûr, on savait qu'ils devaient travailler de longues heures, surtout pendant l'été ; mais ils étaient leurs propres patrons et fixaient eux-mêmes leur rythme de travail. Or les impératifs de la concurrence ont tout bouleversé. Pour arriver à produire des denrées alimentaires à des prix compétitifs, il a fallu adopter les méthodes les plus mécanisées, celles qui épargnent le plus de main-d'œuvre. Il a fallu s'équiper de grosses machines, spécialiser sa production pour faire des économies d'échelle, utiliser les engrais et les pesticides chimiques qui s'appliquent le plus économiquement, etc. Dans ce contexte, chaque ferme devient une entreprise requérant un capital de plus en plus considérable que les agriculteurs ne possèdent pas et qu'ils doivent emprunter, devenant ainsi, d'une certaine façon, des employés des banques. Ceux qui ne prennent pas cette voie n'arrivent pas à produire à aussi bas prix, et quelle que soit la qualité de leur production, ils ne trouvent pas d'acheteurs ; ces derniers, représentant des grandes chaînes ou des regroupements de magasins ainsi que des industries de transformation et des grossistes, ont des exigences fort strictes qui ont peu à voir avec la qualité ; ils se préoccupent surtout du coût et de l'apparence, mettant sans vergogne en compétition les surplus de la Californie avec les productions locales.

En 1990, la dette moyenne des fermes québécoises s'établissait à 90 000 dollars ; elle était de 50 000 dollars en 1981. C'est donc dire qu'une bonne partie des revenus de chaque cultivateur sert à payer les intérêts de ses dettes. Ceux qui veulent survivre dans ce système sont condamnés ou à être très gros, ou à ne compter que marginalement sur les revenus de la ferme en vivant d'un salaire gagné à l'extérieur. Les petites exploitations familiales sont celles qui éprouvent le plus de difficulté et où les abandons sont les plus nombreux ; entre 1981 et 1991, le Québec a perdu 20 % de ses fermes. Aux États-Unis, moins de 9 % des fermes assurent déjà plus de 70 % de la production agricole totale.

L'environnement

L'industrialisation de l'agriculture nécessite l'emploi de machinerie lourde qui compacte le sol et le rend plus susceptible à l'érosion par l'eau. L'abattage des arbres pour faciliter les manœuvres des machines contribue pour sa part à l'érosion par le vent. L'emploi d'engrais chimiques détruit aussi progressivement l'humus qui retenait le sol et l'eau. À cause de tout cela, chaque année une partie importante du sol de surface — celui qui permet la culture — disparaît. Aux États-Unis, on calcule que tous les ans, il se perd l'équivalent de trois millions d'acres de terre productive à cause de l'érosion. À ces pertes, il faut ajouter celles dues aux développements urbains, à la prolifération des sites d'enfouissement et à la multiplication des routes.

La spécialisation des fermes présente des risques pour l'environnement. Comment disposer de tout ce purin de porc ou des excréments de ces grands troupeaux de vaches laitières produits par les fermes concentrées dans une même région ? Entre 1951 et 1985, le nombre moyen de vaches laitières par ferme est passé de 8 à 41, tandis que le nombre de porcs grimpait de 12 à 721 ; pendant la même période, le nombre d'agriculteurs manquant de superficie d'épandage pour disposer des fumiers provenant de leur ferme est passé de 0 à 3 100 ; par contre, les engrais chimiques utilisés ont fait un bond de 120 500 tonnes par année à 498 700 tonnes[1]. Si on n'arrive pas à les retourner à la terre, les déchets animaux se retrouvent dans l'eau, à un moment donné. S'y ajoutent les engrais chimiques qui sont aussi entraînés par les pluies vers les rivières ; l'eau ainsi « enrichie » devient un milieu de croissance favorable pour les plantes aquatiques qui prolifèrent et consomment l'oxygène de l'eau, y rendant la vie animale de plus en plus difficile. Les micro-organismes qui détruisaient les matières organiques ne peuvent plus continuer leur travail et l'eau devient de plus en plus polluée.

L'emploi croissant, dans le monde, des fertilisants chimiques à base d'azote — 2 millions de tonnes en 1950, 40 millions en 1974 et une estimation de 120 à 300 millions de tonnes pour l'an 2000 — contribuerait d'une façon importante à la réduction de la couche d'ozone qui nous protège des rayons ultra-violets émis par le soleil ; les fertilisants se dégradent en effet en un gaz qui, dans la haute atmosphère, détruit l'ozone.

La santé

L'usage des pesticides et des herbicides se répand de plus en plus. Les pesticides constituent d'ailleurs un produit « idéal » pour l'industrie capitaliste, car lorsqu'on a commencé à les employer, on est bientôt obligé

---

1. Chiffres tirés de Jules Blanchette, « La vraie couleur de la révolution verte », *Le Céréaliculteur*, mars 1991.

d'augmenter les quantités. En effet, l'emploi d'un pesticide suscite le développement d'une résistance chez les insectes ou la prolifération d'autres insectes moins vulnérables et par la suite, il faut employer des quantités plus grandes de pesticides pour réussir à contrôler les insectes. Sur une période de 15 ans, l'emploi de pesticides a augmenté de 140 % aux États-Unis, alors que les pertes dues aux insectes se sont accrues de 40 %. Ces substances chimiques très puissantes causent fréquemment des intoxications aiguës chez les travailleurs agricoles et augmentent les risques qu'ils développent un jour un cancer. Les pesticides ne se fixent pas à l'endroit où on les emploie ; ils se répandent dans l'air, contaminent l'eau et demeurent souvent à l'état de trace sur les fruits et les légumes pour finir dans l'assiette du consommateur. Il y a quelques années, les autorités de santé publique ont dû recommander aux femmes de certaines régions canadiennes de ne pas allaiter leurs enfants parce qu'elles avaient trop de D.D.T. dans leur lait. Depuis, on a cessé l'usage massif du D.D.T. aux États-Unis et au Canada (mais nos industries continuent à en vendre à des pays comme le Mexique, qui nous le retournent dans les fraises et autres fruits que nous leur achetons !) ; on a remplacé le D.D.T. par d'autres substances aussi toxiques, mais dont on ne connaît pas encore tous les effets.

Les méthodes modernes d'élevage des animaux s'appuient sur l'usage croissant d'antibiotiques ; ceux-ci sont devenus nécessaires dans les élevages gigantesques et ils permettraient aux animaux d'engraisser plus vite. Les éleveurs emploient aussi fréquemment des tranquillisants, particulièrement dans les moments qui précèdent l'abattage, pour éviter que les animaux ne soient pas tendus et que leur chair ne durcisse. L'administration d'hormones a déjà été fort populaire; interdite, elle se pratique tout de même à l'occasion. Tous ces produits chimiques contaminent la viande (surtout le gras) et peuvent avoir des effets néfastes sur les consommateurs.

Les techniques agricoles modernes provoquent la diminution de la qualité nutritive des aliments. La fertilisation des sols à l'aide d'engrais à base de nitrates augmente la proportion d'eau par rapport à la matière sèche dans les légumes. La fertilisation artificielle conduit à un appauvrissement du sol en minéraux assimilables, qui se retrouvent alors en quantité moindre dans les aliments; plusieurs de ces minéraux ont un rôle à jouer dans l'organisme. L'uniformisation des espèces cultivées — les producteurs ne choisissent que les variétés les plus attrayantes commercialement — diminue la diversité des apports nutritifs; or chaque variété de tomates, de carottes ou d'autres fruits ou légumes contient des quantités différentes de vitamines et de minéraux. Sur le plan de l'élevage, la proportion de gras contenue dans la viande est beaucoup plus grande; entre 1960 et 1980, par exemple, la proportion de gras dans le poulet à gril a triplé.

C'est sans doute au niveau de la transformation des aliments que l'influence de la grande industrie se fait le plus sentir. Grâce à une habile publicité, mais aussi au fait que les gens consacrent de moins en moins de temps à cuisiner, les aliments déjà préparés connaissent une popularité croissante, à la maison et au restaurant ; en conséquence, la plupart des gens consomment trop de gras, trop de sucre, trop de protéines animales, trop de sel et trop peu de fibres ; de plus, ils absorbent des additifs chimiques en quantités croissantes, en moyenne plus de 2 kilos par personne par année !

Tous ces écarts par rapport aux besoins de base se paient chèrement ; on reconnaît maintenant que ce genre d'alimentation constitue un facteur important dans les diverses maladies de civilisation qui nous affectent — hypertension artérielle, cancer, cardiopathies. Des signaux d'alarme se font entendre au fur et à mesure qu'on établit une relation entre telle habitude alimentaire et telle maladie : on dénonce le sucre trop abondant dans nos aliments, on incite à consommer moins de gras animal, le pain de blé entier est recommandé. Mais ces conseils fractionnés sont voués à l'échec. La petite amélioration arrachée d'un côté est vite annulée par la nouvelle transformation introduite ailleurs. L'industrie alimentaire est toujours à l'affut et récupère rapidement à son profit toute nouvelle tendance : les gens veulent manger moins de sucre ? On leur offre des aliments sucrés avec des édulcorants artificiels ! Le pain de blé entier serait meilleur pour la santé ? On trouve sur les tablettes du pain bruni à la mélasse. Tant que nous nous en remettrons à la grande industrie pour nous alimenter, tant que nous continuerons à adopter une vision fragmentée de la nutrition, en tentant d'en combler les carences détectées sans remettre en question l'ensemble, nous piétinerons.

Il me semble que nous sommes extrêmement présomptueux en matière de nutrition. Les quelques connaissances scientifiques que nous avons acquises, grâce aux méthodes d'analyse, nous ont portés à croire que nous avions pénétré les secrets de la nature et que nous pouvions la remplacer. Depuis que nous avons réussi à classer les nutriments en lipides, protides et glucides et depuis que nous avons découvert l'importance de certains micro-éléments comme les diverses vitamines et les sels minéraux, nous avons pratiquement transformé les aliments en carburants utilisés pour permettre aux machines humaines de fonctionner au jour le jour. Nous y avons réussi, à brève échéance : on peut aujourd'hui maintenir en vie un individu assez longtemps grâce à des liquides artificiels qu'on lui administre par la bouche ou par voie intra-veineuse. On peut aussi survivre avec du pain blanc, du fromage coloré, de la viande grasse, du sucre et quelques vitamines artificielles — ce qui constitue l'alimentation de base de millions de personnes dans les pays occidentaux. Mais à longue échéance, que deviennent ces gens sinon les victimes des diverses maladies de civilisation ?

Les naturopathes croient depuis longtemps qu'en alimentation, « le tout est plus grand que la somme des parties ». Toute transformation des aliments entraîne la perte irrémédiable de certaines substances ; toute manipulation risque d'ajouter des substances qui ne devraient pas s'y trouver. Des instruments d'analyse sophistiqués ont permis d'identifier les nutriments essentiels à notre survie ; mais on découvre régulièrement d'autres nutriments qui ont un rôle important à jouer dans l'organisme, même s'ils n'y sont présents qu'en infime partie ; leur carence serait la cause de plusieurs malaises ou de maladies pour lesquels la médecine n'a pas d'explication. Deux chercheurs, F.M. Pottenger et D.G. Simonsen, ont fait une expérience fort significative au début du siècle. Ils ont pris deux groupes de chats qu'ils ont placés dans deux enclos adjacents. Le premier groupe a été nourri de lait cru non pasteurisé et de viande crue, tandis que l'autre recevait du lait bouilli et de la viande cuite. Les premiers ainsi que leurs descendants sont demeurés en bonne santé, tandis que les seconds, nourris aux aliments cuits, présentaient de nombreux troubles physiques. Dès la troisième génération, les morts-nés étaient nombreux ainsi que les chats souffrant de malformations congénitales. Les chercheurs ont également noté un effet inattendu de leur expérience : dans l'enclos où étaient gardés les chats nourris aux aliments crus, la végétation poussait abondamment grâce à la fertilisation par les excréments des chats, alors que dans l'autre enclos, la croissance végétale n'était que moyenne[2].

Au lieu de tenter d'isoler dans notre alimentation quel élément ou quelle carence provoque tel problème, comme le fait la médecine actuelle, il serait beaucoup plus approprié d'adopter une approche globale en s'efforçant de répondre à l'ensemble des besoins de l'organisme.

---

2. Cette expérience est rapportée dans Roger Newman Turner, *La médecine naturopathe*, Québec/Amérique, Montréal, 1985, p. 80.

L'alimentation d'une personne dépend de ses propres choix, mais en même temps des choix que lui propose la société. Selon le lieu de sa résidence, on n'a pas accès aux mêmes possibilités ; quand on est pauvre, les choix sont plus limités. Et qui peut résister entièrement à toute cette publicité qui nous oriente vers un type d'aliments dont nous n'avons aucunement besoin ? Tout de même, quelque soit notre situation, il me semble que tous auraient intérêt à respecter les principes suivants :

1) **Les aliments devraient être consommés aussi frais que possible.** Les aliments proviennent de substances vivantes que le temps altère. Tout de suite après la cueillette s'amorcent la destruction des vitamines dans les fruits et les légumes, l'oxydation des acides gras dans les aliments qui en contiennent et l'altération de certains minéraux qui les rend de moins en moins assimilables. En Amérique du Nord, chaque gramme d'aliment voyage en moyenne 2 000 kilomètres avant d'atteindre l'assiette d'un consommateur ; c'est donc dire qu'il s'écoule souvent beaucoup de temps entre la cueillette et la consommation.

2) **Les aliments devraient être le moins possible transformés.** Tout traitement physique ou chimique provoque des modifications dans les aliments ; ainsi la cuisson détruit beaucoup de vitamines. De leur côté, les procédés de transformation industrielle détruisent ou enlèvent certains nutriments — des fibres alimentaires, des vitamines, etc. ; de plus, toute manipulation augmente le risque de contamination ; on estime à environ 10 000 le nombre de substances qu'on trouve

à l'état de traces dans nos aliments. Beaucoup de produits chimiques sont également volontairement ajoutés — édulcorants, colorants, essences, épaississants, agents de conservation, etc. ; souvent on ne connaît pas leurs effets prolongés et surtout les actions qu'ils peuvent exercer en synergie.

3) **Les aliments devraient provenir de milieux organiquement sains.** Personne n'aurait envie de manger les œufs d'une poule atteinte d'une tumeur ou de boire le lait d'une vache malade (ce que les gens font souvent sans le savoir...). Les aliments sont vivants, ils s'épanouissent et prennent leur pleine valeur quand ils croissent dans des milieux qui leur fournissent les meilleures conditions. Pour les fruits et légumes, cela signifie une terre riche en humus, qui contient alors des millions de bactéries qui transforment les matières inorganiques en sels assimilables par la plante et par la suite par ceux qui la consommeront. Pour les animaux, cela signifie la possibilité de choisir leurs aliments et d'équilibrer ainsi leur diète, au lieu de recevoir une alimentation programmée en fonction d'une croissance rapide ou d'autres critères commerciaux. Les aliments dits « biologiques » répondent à ce critère.

4) **L'alimentation devrait être principalement d'origine végétale.** Une proportion trop importante de protéines animales dans l'alimentation humaine provoque des effets nocifs sur la santé — en particulier une déperdition exagérée de calcium ; de plus, la consommation de viande entraîne nécessairement l'ingestion de gras animal, lequel, pris en trop grande quantité, est associé à plusieurs maladies comme l'artériosclérose et divers

types de cancer. Sur le plan humanitaire, la consommation énorme de viande dans les pays industrialisés est en bonne partie à l'origine de la famine dans plusieurs régions du tiers monde, car on y consacre les meilleures terres à la culture de denrées qui seront exportées pour nourrir des animaux des pays industrialisés. En moyenne, pour produire un kilo de viande, il faut plus de trois kilos de grain ou de fèves soya ; pour un kilo de bœuf, c'est sept kilos de céréales ou de soya qu'il faut. Dans certains pays d'Amérique latine, la plus grande partie de la pêche est transformée et exportée sous forme de farine de poisson pour l'alimentation des bêtes.

Même s'il n'est pas facile aujourd'hui de se procurer des aliments cultivés selon les principes de l'agriculture biologique, même si la plupart des denrées qui nous sont offertes en magasin ont subi d'innombrables transformations, même si, à première vue, nous n'avons aucun contrôle sur l'origine de ce qu'on nous offre — toutes raisons suffisantes pour que nous modifions la situation dans son ensemble —, il n'est pas impossible d'arriver à se bien nourrir dès maintenant, à ceci près qu'il faut y mettre beaucoup d'efforts, prendre de nombreuses précautions et, à l'occasion, payer un peu plus cher.

Cette question de coûts mérite qu'on s'y arrête, car c'est un argument fréquemment invoqué pour écarter une alimentation à base d'aliments dits biologiques. Il est normal qu'une carotte ou que des fraises cultivées selon les techniques de la culture biologique soient un peu plus chères : la préparation des sols est un peu plus longue, le désherbage se fait manuellement, la distribution n'est pas organisée en grand réseau, etc. Mais dans l'ensemble, si on adopte une alimentation fondée davantage sur les fruits et les légumes frais ainsi que sur les céréales et les légumineuses, avec peu de viande et pratiquement pas d'aliments transformés et préparés, le panier à provisions devient moins onéreux, même si chaque article pris séparément est un peu plus cher. De plus, comme beaucoup de gens qui ont pris conscience de l'importance d'une bonne alimentation tentent de compenser les carences des aliments par l'ingestion régulière de suppléments de vitamines et de minéraux, quand on mange des aliments complets et vivants, sauf exception, point n'est besoin de recourir à cet expédient, qui d'ailleurs ne comble pas nécessairement aussi bien les besoins de l'organisme. L'argent économisé sur les suppléments pourrait être ainsi consacré à améliorer son alimentation.

L'agriculture biologique, des réseaux de distribution d'aliments adéquats et les autres ressources nécessaires pour que soient accessibles les aliments sains ne se développeront jamais s'il n'y a pas une demande importante ; malgré les obstacles actuels à l'approvisionnement, il est donc nécessaire de tout faire pour s'alimenter écologiquement.

Déjà, un grand nombre de personnes ont les moyens de faire un pas dans la bonne direction en cultivant leur propre potager. En fait, cultiver ses propres légumes apporte tellement d'avantages que c'est à se demander pourquoi pas plus de gens ne le font. On entend souvent dire : « C'est bon pour les personnes qui demeurent à la campagne, mais pour nous en ville, c'est impossible. » Sans doute est-ce plus facile pour ceux qui ont un grand terrain — en banlieue ou dans les villages —, mais sans posséder son propre lot, il est possible de trouver accès à un peu de terre. En y regardant de plus près, bien des citadins pourraient consacrer un coin de leur parterre à la culture des légumes ; on voit souvent de petits potagers devant les maisons de certaines rues de Montréal et nombreuses sont les cours qui sont déjà consacrées à cet usage; c'est étonnant de voir tout ce qu'on peut récolter de la culture intensive d'un petit potager bien protégé. Ne serait-ce pas là une culture plus utile que ce fameux gazon que tant de gens s'évertuent à faire pousser? Aux États-Unis seulement, le gazon est la plante la plus cultivée, occupant au total 25 millions d'acres, et les conséquences environnementales de cette culture sont énormes: « Le gazon est la base d'une industrie dont le chiffre d'affaires atteint 25 milliards de dollars par année. Les pelouses des banlieues engloutissent aussi des quantités énormes d'une eau qui se fait rare et elles exigent parfois jusqu'à 10 fois plus de pesticides chimiques à l'acre qu'une surface équivalente de terre agricole. Les pelouses américaines reçoivent plus de fertilisants synthétiques que ce que l'Inde entière emploie pour toutes ses récoltes d'aliments. Durant une heure de ses innocents aller-retour, la tondeuse à gazoline rejette dans l'air autant de polluants qu'une automobile qui parcourt 350 milles[3]. »

---

3. Gary Stix, « A Blade of Grass », *Scientific American,* février 1994.

Pour ceux qui n'ont pas accès à un terrain, il est possible de cultiver certains fruits, des légumes et des fines herbes dans des boîtes placées sur le balcon, suspendues aux fenêtres ou même placées sur le toit. On peut aussi mettre des boîtes intérieures devant une fenêtre. À propos des plantes intérieures, la NASA a montré, il y a quelques années, que leur présence s'avérait une excellente méthode de purification de l'air; placées dans une chambre saturée de formaldéhyde (le polluant intérieur le plus courant), des plantes d'appartement (et surtout les araignées) en réduisaient la teneur de plus de 50 % en six heures.

Les jardins communautaires constituent aussi une formule intéressante. Certaines municipalités ont déjà développé cette formule et si les citoyens le demandaient, d'autres le feraient; si la municipalité refuse, un groupe de personnes peut s'adresser à la commission scolaire, à une église ou même à un individu pour se faire prêter un terrain. Même les villes qui ne sont pas très favorables à ce genre d'initiative ne peuvent que s'incliner devant l'insistance de citoyens qui réclament des terrains pour de tels jardins. Et si cela ne fonctionne pas, on peut toujours recourir à la formule coopérative, dans laquelle on achète ou loue un terrain pour ensuite le diviser en lots individuels ou collectifs, selon la volonté des coopérants. Ensemble, le groupe peut organiser des corvées, regrouper ses achats, se donner des services communs. En plus de tous les avantages d'un potager, on bénéficie ainsi d'une expérience de coopération et de solidarité.

Il est étonnant de voir tout ce qu'on peut tirer d'un potager. Les grainetiers ont réussi à développer une foule de variétés de fruits et de légumes qui s'adaptent bien à notre climat. Les méthodes de culture organique, divers moyens de contrôle du froid, l'utilisation appropriée de tunnels de plastique et d'autres moyens permettent une grande diversification des types de récolte. De nombreuses techniques de conservation parfaitement écologiques donnent aussi la possibilité d'allonger considérablement la période de consommation de ses propres fruits et légumes.

Les techniques de culture biologique sont particulièrement bien adaptées au potager domestique et tous les jardiniers amateurs pourraient les adopter. L'environnement en bénéficierait certainement, car moins de pesticides et d'engrais chimiques s'y retrouveraient. La préparation de son propre compost à partir des ordures ménagères, des résidus végétaux (feuilles et gazon) et du fumier de certains animaux contribuerait aussi à diminuer la masse des déchets qu'il faut enfouir ou brûler.

L'élevage de petits animaux — lapins, poulets, cailles, poules — et même de poissons fournit encore d'autres moyens d'augmenter la qualité de son alimentation et d'accroître son autonomie. Il est vrai que beaucoup de municipalités possèdent une règlementation sévère qui interdit cette pratique ; mais ces lois, qui ont été édictées pour protéger la santé publique, une certaine esthétique ou la quiétude des résidants, pourraient être revues à la lumière des besoins actuels. La multiplication des productions animales domestiques permettrait leur décentralisation, ce qui éviterait l'amoncellement des fumiers, lesquels pourraient être compostés et utilisés dans le jardin ou le potager.

À moins d'y consacrer beaucoup de temps et de disposer d'un espace étendu, il n'est pas possible d'arriver à produire soi-même tous les aliments dont on a besoin. Mais d'autres voies nous permettent sinon l'autonomie personnelle totale, du moins une bonne autonomie communautaire ; car ce qui ne peut s'accomplir seul peut souvent être réalisé en groupe. Ainsi, il est possible de former des groupes d'achat ou des coopératives qui traiteront directement avec des producteurs biologiques ou, pour les denrées qui ne peuvent être produites localement, avec des grossistes en alimentation. Les ASC (Agriculture soutenue par la communauté), dans lesquels un groupe de consommateurs achète à l'avance la production d'un agriculteur, constituent une autre formule intéressante qui mériterait une importante diffusion [4]. On trouvera en annexe une description plus complète de cette formule.

Les terrains communautaires dont nous avons parlé plus haut pourraient servir à des cultures communes dont on se partage les fruits, ou à l'installation d'équipements spécialisés comme des serres. À l'image des cuisines populaires, les groupes pourraient également mettre sur pied des conserveries communautaires, qui permettent d'acheter du matériel inaccessible à un

4. L'organisme A SEED (3647 rue Université, 3e étage, Montréal, H3A 2B3 ; 514-398-8969) a déjà recruté plusieurs fermes qui fonctionnent selon cette formule.

simple individu et de transformer la saison des conserves en occasions de travail en commun et de fraternisation, un peu comme l'étaient les anciennes corvées. Les Jardins collectifs de Bonaventure, au Québec, ont déjà réalisé tout cela en 1997. Le partage permet aussi l'échange de conseils et de recettes, la préparation en commun de repas à congeler et pourquoi pas la mise sur pied de cafétérias ou de restaurants populaires ?

À l'heure actuelle, les producteurs agricoles qui se sont lancés dans la pratique de l'agriculture biologique sont encore peu nombreux. Souvent, ce n'est pas l'intérêt qui manque, mais ce sont les moyens concrets de faire le passage à ce type d'agriculture. Le gouvernement, qui fournit une assistance aux agriculteurs par ses services d'agronomie et surtout par ses divers plans de financement, est en bonne partie responsable de l'industrialisation de l'agriculture ; il pourrait changer d'orientation et concevoir des programmes pour faciliter la transition vers l'agriculture biologique. De leur côté, les municipalités pourraient ouvrir des marchés publics, ce qui favorise le contact direct entre producteurs et consommateurs ; et ils pourraient y privilégier les producteurs biologiques.

Beaucoup de jeunes qui ne possèdent pas de terre aimeraient se lancer dans l'agriculture biologique ; or les terres près des régions urbaines, qui seraient les plus appropriées pour la culture biologique à cause du climat et de la proximité des marchés, coûtent aujourd'hui tellement cher qu'elles leur sont inaccessibles. La municipalisation des sols pourrait mettre un frein à la spéculation ; au lieu de vendre les terres qui leur reviennent pour non-paiement de taxes, les municipalités pourraient les revitaliser pendant quelques années à partir d'engrais organiques, puis les subdiviser en lots individuels de quelques acres pour l'horticulture biologique intensive ; il est en effet important de regrouper les producteurs biologiques, car le voisinage de producteurs « chimiques » mène à des contaminations déplorables. Les municipalités pourraient ensuite louer ces lots aux individus ou aux coopératives de production biologique, par bail de longue durée.

Pour aider les cultivateurs à diminuer l'usage de fertilisants chimiques, les municipalités pourraient organiser la collecte des résidus verts de leur territoire et en faire le compostage ; cela diminuerait d'autant la masse des déchets dont elles doivent disposer à des coûts de plus en plus élevés.

Cette mesure et plusieurs autres suggérées ici ou ailleurs ne seront jamais mises en place tant que l'on persistera à considérer les aliments sous un angle purement économique. Quand on comprendra que l'on est ce que l'on mange, on développera une attitude toute différente qui conduira notamment à donner aux agriculteurs toute la considération et tout l'appui dont ils ont besoin pour remplir au mieux leur fonction.

CHAPITRE VII

La maladie, un moment clé

AU FIL DES ANS, nous grandissons grâce aux événements que nous vivons et aux expériences qu'ils nous imposent. Qui n'a jamais de défi à relever ne grandit pas ; au mieux, il reste identique à lui-même et au pire, il régresse.

Au même titre que tous les autres événements, et peut-être bien davantage encore, la maladie est un moment clé dans l'évolution d'une personne ; elle est spécifique à chacun, survient à un moment précis de son histoire et revêt pour lui un sens bien particulier. Encore faut-il la considérer comme telle ; or au contraire, dans sa façon habituelle de procéder, la médecine moderne en fait quelque chose d'abstrait, de général et d'anonyme : une pneumonie est toujours une pneumonie et se traite d'une manière bien codifiée. En fait, la médecine soigne des maladies et non des malades, et pour elle, toute maladie est quelque chose de terrifiant qu'il faut à tout prix neutraliser au plus tôt.

Dans la lutte contre elle, la fin justifie les moyens, y compris les plus inhumains, si bien que souvent les traitements sont encore plus nocifs que la pathologie qu'on essaie de soigner. En fait, l'acharnement à traiter et à « guérir » à tout prix provoque une hausse constante des maladies dites iatrogènes, qui sont causées par les soins médicaux.

Une maladie n'est jamais un hasard, elle a toujours des causes ; et je ne songe pas ici aux microbes ou aux agents cancérigènes ; ce ne sont là que des facteurs qui vont faire que l'affection touchera tel organe ou prendra telle forme. Les causes plus profondes, il faut les chercher dans l'incapacité de s'épanouir, dans les relations envenimées, dans un environnement étouffant, etc. La maladie est un cri d'alarme de l'organisme ; quand on ne s'arrête qu'à renverser le processus pathologique et à faire disparaître les symptômes, on fait taire la sirène mais sans chercher à savoir pourquoi elle sonnait. On laisse le mal continuer son œuvre.

Il faut l'avouer, les médecins ne sont pas les seuls responsables de la situation actuelle. En fait, ils se comportent en « adultes consentants » ; ils ont eux-mêmes et entretiennent les attitudes caractéristiques du reste de la population vis-à-vis de la maladie, ils acceptent les conséquences thérapeutiques qui en découlent et ils les appliquent souvent aveuglément.

Dans nos pays industrialisés, nous avons peur de la souffrance, de la difformité, du sang et par dessus tout de la mort. Comme la technologie nous a permis d'arriver, dans certains pays, à éradiquer la principale cause de mortalité, la famine, nous demandons à cette technologie de continuer le travail pour en finir avec la maladie et même la mort. Il ne s'agit cependant pas de phénomènes du même ordre. La famine n'est qu'un problème de logistique, c'est-à-dire de distribution et de répartition de la nourriture.

Du point de vue individuel, la mort n'a pas de sens. Les religions tentent bien de nous fournir des explications et des façons de la sublimer pour nous aider à l'accepter, mais ce n'est que par la foi qu'elles réussissent à rassurer un certain nombre d'entre nous. Pourtant, les travaux de Kubler-Ross et de Moody donnent un certain crédit à la thèse d'une « vie après la mort ».

C'est dans l'ordre de l'univers que le décès de l'individu prend un sens; la fin de l'un permet la vie de l'autre. Tout dans la nature meurt et naît constamment: insectes, plantes, animaux. Le cycle de la vie requiert la mort des individus. Le problème des humains, c'est qu'ils se croient ou se voient au-dessus, au-delà de la nature; cette attitude est d'ailleurs la source d'une bonne partie des difficultés environnementales... Lewis Thomas souligne avec à propos que nous faisons tout pour cacher la mort et que nous réussissons si bien à le faire que nous oublions qu'elle est omniprésente et qu'elle est utile; « tout ce qui naît semble remplacer quelque chose qui meurt, cellule pour cellule [1] ». La Terre est un immense organisme vivant ; nous en sommes, avec les autres êtres vivants, les cellules qui se remplacent constamment. D'ailleurs chacune de ces cellules, chacun d'entre nous, est

---

1. Lewis Thomas, *The Lives of a Cell*, Bantam Books, New York, 1974, p. 116.

beaucoup plus volatil que nous le croyons. Au bout d'une année, 96 % des atomes dont notre corps est formé sont changés ; tous les deux ans, nous avons échangé avec le milieu la totalité de nos atomes.

À certains moments, les humains acceptent de mourir par milliers pour des principes... ou plus souvent pour des princes (!), à l'occasion de ces guerres qui parsèment l'histoire. La mort pour propager la mort est alors glorifiée. Alors que la fin naturelle, inscrite dans les cycles de la nature, est honnie. « Tu es poussière et tu retourneras en poussière », rappelle la religion ; nous sommes des constituants de la Terre et nous y épousons à divers moments diverses formes. Sous la forme humaine, nous sommes peut-être, selon l'idée de Lewis Thomas, les cellules nerveuses de la Terre. Le décès d'une personne n'est pas sa disparition totale ; c'est un changement d'état, une étape.

D'ailleurs, l'expérience du passage à l'au-delà est loin d'être toujours vécue négativement. Pour beaucoup de gens condamnés à plus ou moins brève échéance, c'est l'occasion de faire le bilan de leur vie. Combien ne découvrent-ils pas qu'ils se sont inutilement agités pour tenter de se conformer à une image qu'ils se faisaient de ce qu'ils auraient dû être, mais qui ne correspondait absolument pas à leur nature profonde ! À l'approche de la dernière heure, les masques tombent, les perspectives changent. Comme Don Juan le dit à Castaneda, « on parvient à se libérer d'un lourd fardeau de mesquinerie lorsque la mort vous fait signe ou que vous l'entrevoyez. [...] La mort est le seul bon conseiller que nous ayons[2]. » Seul l'essentiel demeure ; et bien souvent, on se rend compte qu'on avait justement oublié l'essentiel, en particulier la conscience du moment présent. Certains se perdent alors en regrets : toute cette vie qu'ils ont gaspillée... Mais d'autres réagissent différemment, heureux d'avoir compris, même tard ; ceux-là apprécient leurs derniers moments, malgré les souffrances physiques et autres désagréments dont ils peuvent être affligés, ils se réconcilient avec l'idée de leur fin et peuvent mourir sereinement.

Qu'est la mort, pour un être conscient, sinon un repos après une grande fatigue, une libération de ces contradictions presque intolérables que la vie impose, de ces injustices innombrables, de ces violences inouïes, de cette rapacité atroce ? Je survis dans ce monde, mais à force de rationalisation... Souvent, je me dis que ce sont ceux qui deviennent fous qui sont lucides...

Quand on réussit à apprivoiser l'idée de la mort, il en résulte un changement profond d'attitude vis-à-vis de la maladie. L'acceptation du caractère éphémère de notre passage sur Terre ne signifie pas la résignation ; certes, la vie signifie le danger, une certaine vulnérabilité et parfois la blessure ou la défaillance ; mais elle se manifeste aussi dans la capacité de s'autoréparer et de se restaurer. Les soins aux malades devraient être essentiellement destinés à renforcer les mécanismes internes pour qu'ils réussissent à aider l'individu touché

---

2. La citation de Castaneda est tirée de Fritjof Capra, *Le temps du changement*, *op. cit.*, p. 358.

à sortir de la situation difficile ou précaire dans laquelle il se trouve. Parallèlement, ils pourraient servir à rendre plus facile cette période éprouvante à cause de la souffrance, de l'incapacité ou de la fragilité qui la caractérisent.

L'approche biomécanique a permis à la médecine moderne d'accomplir des progrès considérables dans la compréhension de la physiologie et de la pathologie. Pour certaines affections, elle a aussi contribué à améliorer sensiblement les traitements, notamment en traumatologie. Son efficacité a incité les médecins à la généraliser. On a fractionné de plus en plus l'être humain ; en premier lieu, on l'a divisé en deux composantes distinctes, le psychisme et le corps. Puis chaque fonction du corps, chaque organe et même chaque cellule a été étudié de plus en plus intimement, de plus en plus précisément. Les instruments de mesure — électrocardiographe, rayons X, microscopes et autres — ont pris une place sans cesse plus considérable dans le diagnostic médical ; ils fournissent des données « objectives » qui rendent compte de l'état précis des divers organes ou tissus. Centrer l'attention sur les parties a cependant conduit à l'oubli du tout ; pourtant l'être humain n'est pas qu'un assemblage de tissus...

La conception biomécanique du fonctionnement du corps et de ses désordres conduit directement à la thérapeutique médicale actuelle. Pour les médecins, le corps humain malade est semblable à une automobile qui fonctionne mal ; pour réparer l'un et l'autre, il suffit de poser un diagnostic précis pour ensuite réparer et au besoin remplacer la pièce défectueuse.

Même la maladie mentale découlerait d'un détraquement de ce type ; il manquerait aux cellules du cerveau certaines enzymes ou quelqu'autre substance du genre dont le mystère ne devrait pas résister longtemps aux ardeurs investigatrices de l'avant-garde scientifique. Et le traitement qui découlera de cette découverte sera à l'avenant : un médicament.

Dans cette perspective, l'acharnement thérapeutique prend tout son sens. Si toute maladie ne résulte que d'un trouble biomécanique, il n'y a aucune raison pour que nous ne parvenions pas à « réparer » ce trouble. Quand les médecins ne réussissent pas à guérir leur malade, ils croient tout simplement qu'ils n'ont pas trouvé la bonne pièce, la bonne substance ; il s'agit donc de continuer à chercher et d'essayer d'autres thérapies, jusqu'à ce qu'ils tombent sur la bonne.

Quand le corps est ainsi perçu comme une mécanique, le rôle principal du « médecin-mécanicien » est d'en prolonger la vie. Pour la médecine, le maintien en vie semble l'objectif de toutes ses actions ; quand on fait appel à ses services, elle comprend qu'il lui faut tout mettre en marche pour réussir à maintenir la vie. Peut-être est-ce à tort que nous lui reprochons d'agir souvent sans discernement, de prolonger des malades qui ne demanderaient qu'à mourir, de ne pas suffisamment se préoccuper de la qualité de cette vie qu'elle prolonge. Faut-il l'en blâmer vraiment, ou ne devrions-nous pas assumer plus souvent la responsabilité de notre vie et de celle de nos proches ? Est-ce aux médecins à choisir qui doit vivre ou qui ne le doit pas ? Certains médecins, d'ailleurs, imposent leur choix quand ils se désintéressent systématiquement et sans discernement de leurs malades âgés, comme si l'âge avancé enlevait automatiquement tout intérêt à la vie. Quand, dans les maladies graves, nous faisons appel aux médecins, c'est généralement pour qu'ils tentent tout pour prolonger la vie. Si la qualité de la vie qu'ils nous offrent ne nous intéresse pas, à nous de nous abstenir de leurs services. Mais avant de faire quoi que ce soit sur nous, ils devraient nous informer des résultats qu'ils escomptent obtenir (positifs comme négatifs) et ils devraient respecter notre volonté sans nous imposer leurs interventions.

La question de la qualité de la vie par rapport à sa durée se pose individuellement, mais aussi collectivement. Selon que l'on privilégie l'une ou l'autre, les interventions sociales différeront considérablement. Depuis plusieurs décennies, l'espérance de vie s'allonge lentement ; mais est-ce que ces années en plus ne permettent pas simplement d'attendre plus longtemps la mort ? Certes, la qualité de la vie ne dépend pas uniquement de l'intégrité de toutes les fonctions corporelles ; mais un degré de fonctionnement minimal est nécessaire pour pouvoir demeurer actif et ainsi participer d'une façon quelconque à la vie sociale, ce qui s'avère un des facteurs les plus importants pour apprécier la vie. Bien sûr, il faut mourir un jour et accepter de voir son corps se détériorer progressivement, ce qui peut conduire à un état de dépendance de plus en plus grande ; mais de là à mourir pendant de longues années...

La mort est une réalité et le vieillissement une autre. Sauf exception, il semble bien qu'on ne meure pas de vieillesse. Les personnes âgées meurent, comme les plus jeunes, des maladies qu'elles contractent. Certes, la personne âgée doit s'attendre, statistiquement, à vivre moins d'années que la personne plus jeune ; mais les statistiques sont toujours globales, et en ce qui concerne l'individu, les résultats peuvent être différents.

Notre société n'est pas la première à valoriser la jeunesse ; les fontaines de jouvence, les élixirs de jeunesse et autres formules magiques ont toujours attiré les mortels que nous sommes. Les considérables progrès technologiques d'une part et l'énorme utilisation idéologique qu'en fait la médecine d'autre part ont conduit des quantités impressionnantes de gens à croire effectivement possible le recul indéfini de la vieillesse. S'ils n'y croient pas profondément, ils font tout comme si ; ils agissent et essaient de paraître comme s'ils ne vieillissaient pas, ils nient l'inéluctable. Ils s'avèrent les meilleurs clients de tous les spécialistes de l'esthétique et de la plastie, médecins et autres.

L'apparence physique devenant si importante, tout ce qui peut l'affecter devient par conséquent objet de grande préoccupation. On est même prêt à se rendre malade pour bien paraître ; des obèses se font enlever une partie du tube digestif pour perdre du poids — ce qui a déjà causé la mort de certains d'entre eux —, des grassouillets (ou qui se croient tels) deviennent anorexiques, des acnéiques se font irradier, etc. La maladie qui pourrait laisser des traces visibles est donc honnie. Certaines femmes écartent même la grossesse ou l'allaitement qui risquent d'alourdir leurs seins. Le territoire médical s'étend : à ce qui fait mal et à ce qui peut menacer la vie, on ajoute ce qui différencie trop des canons actuels de la beauté. Les médecins, ces spécialistes de la maladie, peuvent vous faire des greffes de cheveux, vous insérer une prothèse pour gonfler vos seins, vous enlever des dépôts de graisse là où vous trouvez des bourrelets inélégants et même à la limite vous changer de sexe ; quelles maladies ont-ils ainsi soignées ?

Une maladie, au même titre qu'un congédiement, qu'une séparation-divorce ou que tout autre événement majeur dans sa vie, doit être perçue comme une crise. Quand une crise survient, elle indique que des changements s'imposent, que les conditions actuelles de sa vie ne sont plus satisfaisantes. On peut tenter de rétablir l'équilibre en contrôlant les divers éléments en cause, en « refroidissant » ce qui chauffe. C'est la solution médicale courante : le système nerveux s'emballe et provoque une hypersécrétion gastrique, rendons l'estomac résistant à cette sécrétion ou mieux empêchons les glandes de l'estomac de produire cet acide en si abondante quantité. Après quelque temps, la personne n'aura plus mal et pourra reprendre ses activités *comme avant.* La crise aura ainsi été gérée de l'extérieur ; qu'en aura retiré le malade, qu'aura-t-il appris sur les causes profondes de ses malaises et sur les moyens d'éviter qu'ils ne réapparaissent ?

Évidemment, toutes les maladies n'ont pas le même sens ; en conséquence, un certain effort de réflexion est requis pour trouver ce que peut nous dire celle qui nous affecte. Dans le plus simple des cas, ce n'est qu'un déséquilibre entre les capacités d'une personne et les événements qu'elle doit vivre. Une trop grande fatigue, une mauvaise condition physique ou une alimentation déficiente, par exemple, peuvent rendre impossible la poursuite des activités habituelles, car à ce moment, l'organisme trop sollicité refuse de fonctionner et « tombe en panne ». Il se peut aussi que la surcharge vienne de l'entourage, qui peut avoir des exigences exagérées pendant des périodes plus ou moins longues ; l'effet sera alors le même. Dans la recherche du sens de ce qui nous arrive, il faut se méfier des simplifications outrancières dont nous inonde toute une littérature soi-disant « alternative » qui attribue telle signification précise à tel symptôme ou à telle affection ; certes, un mal de dos peut vouloir dire que quelqu'un en a « plein le dos » de la situation qu'il vit, mais il peut aussi venir du fait que la personne soulève des poids trop lourds pour ses capacités physiques...

Beaucoup de désordres physiques comportent des composantes psychologiques importantes. Rien d'étonnant à cela, puisque chaque être humain est un tout et que ses pensées ne peuvent manquer d'influencer l'ensemble de son fonctionnement. La médecine fractionnée nous induit en erreur lorsqu'elle fait une telle différence entre pathologies physiques et psychologiques ; même sa catégorie des maladies psychosomatiques nous dessert, puisqu'elle porte à croire qu'il existerait effectivement certaines affections où la psyché jouerait un rôle, alors que pour d'autres, tel ne serait pas le cas. Pour moi, toute maladie est psychosomatique au sens où ce que la personne pense, ce qu'elle vit, ce qu'elle a d'enfoui dans son subconscient, tout cela contribue à son état actuel ; et en corollaire, cette perturbation qui afflige aujourd'hui telle personne influence sa façon de penser, de réagir et d'être.

La maladie grave force à un arrêt de ses activités habituelles ; elle s'avère aussi, la plupart du temps, un révélateur inespéré des sentiments profonds que manifeste l'entourage à l'égard de la personne malade. Elle accorde un temps imprévu à la réflexion. C'est donc, en somme, un excellent moment pour procéder à un bilan et départager ce qui, dans sa vie, a une grande valeur de ce qui est inutile. Dépasser cette perturbation et atteindre un état supérieur ne peut se faire sans abandonner certains comportements. Les chemins de l'habitude étant les plus faciles, sortir de sa routine exige des efforts. La maladie offre parfois l'occasion d'emprunter de nouvelles voies ; les gens les refusent souvent, préférant les solutions de type cataplasme.

La personne qui survit à une atteinte grave se retrouve quelque peu différente. L'épreuve a laissé des marques physiques ou psychologiques. Cette expérience, bien assumée, a cependant un effet humanisant ; celui qui l'a vécue comprend mieux la souffrance des autres ; il apprécie également davantage la vie, même si la maladie a laissé des séquelles permanentes. Une femme ou un homme avec un bras ou une jambe en moins, avec une difficulté à métaboliser le sucre ou avec une forme quelconque d'arthrite demeure toujours un être humain à part entière ; l'important, c'est la conscience, la capacité de réfléchir, de s'émouvoir, d'aimer.

La sagesse résulte finalement d'une somme d'expériences. La maladie, quand on ne se laisse pas déposséder de ce qu'elle permet de vivre, constitue une de ces expériences. Et bien souvent elle est une croisée de chemins. La personne qui en est atteinte est perturbée dans son fonctionnement parce qu'elle ne répond pas adéquatement à ses besoins profonds ; elle peut choisir de se blinder contre les diverses agressions qui l'atteignent et tenter de reprendre le même chemin qu'avant ; mais aussi elle peut opter pour d'autres voies plus en harmonie avec elle-même.

Tout en étant un signal salutaire et une occasion précieuse de remise en question et de réorientation, la maladie n'en est pas moins souffrance et menace à la vie ou à l'intégrité de la personne qui en est atteinte. Le moyen déborde souvent l'intention : le mal peut envahir tout l'organisme, surtout s'il est affaibli, et provoquer d'importants dommages et même la mort. Donc, en plus d'essayer de décoder son message et d'agir en conséquence, il est certainement opportun de chercher des moyens pour tenter de restaurer au plus tôt l'intégrité ou tout au moins le fonctionnement le plus harmonieux possible de l'organisme.

Les approches thérapeutiques occidentales concentrent la plupart de leurs efforts sur l'*individu* malade. Même si fort souvent, on reconnaît que le milieu a exercé une influence importante dans la genèse de ses problèmes, on oriente les traitements vers la réparation de l'individu ; et la plupart du temps, après sa guérison, la personne « guérie » reprend les mêmes habitudes et s'expose aux mêmes situations traumatisantes. Dans nos sociétés individualistes, on a tendance à penser que tout le monde a les mêmes possibilités et que seuls ceux qui ne s'en donnent pas la peine ou sont sérieusement handicapés n'arrivent pas au succès. La maladie, dans cette perspective, révèle ou les erreurs de l'individu ou ses déficiences par rapport aux autres ; il s'agit alors de le « réparer » et de le renforcer pour qu'il puisse atteindre le niveau de capacité des autres et qu'il puisse résister lui aussi aux difficultés qu'il doit affronter. La responsabilité en incombe donc essentiellement à l'individu.

Pourtant, les pathologies qui affectent aujourd'hui les gens entrent le plus souvent dans la catégorie des maladies dites de civilisation. Elles découlent de leur façon de vivre : de leur alimentation, de leur peu d'activité physique et surtout de la quantité de situations stressantes dans lesquelles ils se retrouvent. Les cancers, les troubles cardio-vasculaires et les diverses maladies dégénératives atteignent chaque année des millions de Nord-Américains. Tous les experts reconnaissent que le cancer, par exemple, est causé à 80 % par l'environnement. Cependant, presque tous les efforts de la lutte au cancer visent le traitement individuel. Un chercheur américain a procédé, il y a quelques années, à un inventaire des articles sur le cancer disponibles dans une banque de données, aux États-Unis ; sur les 65 000 articles recencés, seulement 20 portaient sur sa prévention[3].

---

3. Carol Horowitz, « Why There is no Cancer Prevention », *Science for the People*, mai-juin 1980.

Dans beaucoup de peuplades, la guérison d'un individu était l'affaire de toute la communauté. Le sorcier réunissait les proches du malade ainsi que les habitants du village ou les membres de la tribu et dirigeait des rites et des prières destinés à favoriser sa guérison ; la communauté se sentait donc responsable de son état. Il est fort probable que pendant cet exercice collectif, ceux qui de près ou de loin avaient pu contribuer à précipiter cet état avaient l'occasion de réfléchir et, si la guérison s'effectuait, de modifier leurs attentes et leurs attitudes par rapport à la victime. Car la maladie, en plus d'être un signal d'alarme pour l'individu, est souvent un cri de détresse lancé au milieu. On attendait trop de la personne, on ne l'a pas comprise, elle se sent mal aimée, débordée, etc. Pendant la phase aiguë, l'entourage tout naturellement change son comportement à son égard et lui manifeste sa sympathie, sa prévenance et son amour ; c'est d'ailleurs là un élément déterminant de la guérison. Mais après ? On sait qu'inconsciemment, un certain nombre de malades deviennent chroniquement affectés à cause des bénéfices affectifs qu'ils retirent de la situation ; pourquoi les forcer à utiliser de tels stratagèmes, pourquoi les amener à de telles extrémités ? Le réseau de relations d'un individu est aussi important, pour son intégrité, que la souplesse de ses artères ou le niveau de sa tension artérielle.

Au début des années 1960, une équipe de chercheurs américains s'est étonnée du petit nombre de problèmes cardiaques dans la ville de Roseto, en Pennsylvanie. Les gens y présentaient des taux de cholestérol, d'hypertension et de diabète comparables à ceux des villes voisines, ils fumaient autant et ne faisaient pas plus d'activité physique, et pourtant, ils souffraient trois fois moins souvent de crises cardiaques. D'après les chercheurs, la différence venait uniquement du fait que les Italo-Américains qui habitaient cette ville avaient conservé les valeurs de leur pays d'origine : « Nous avons trouvé que les relations familiales étaient très unies et qu'elles reposaient sur la solidarité. Cette qualité de cohésion s'étendait aux voisins et à la communauté dans son ensemble. » Les personnes âgées étaient respectées et recevaient les soins dont elles avaient besoin dans la famille même. Quand quelqu'un avait des problèmes financiers ou autres, parents et amis s'organisaient pour l'aider. Cependant, à l'approche des années 1970, de plus en plus de gens se sont sentis atttirés par le mode de vie américain et ont délaissé leurs comportements traditionnels ; en l'espace de quelques années, le taux de maladies cardiaques a grimpé et a rejoint la moyenne nationale. Les chercheurs conclurent que « la destruction des familles, des buts communautaires et de la camaraderie pouvait être rendue responsable du plus grand nombre de crises cardiaques[4] ».

L'existence, dans une communauté, d'un réseau de solidarité bien développé, représente certainement un facteur clé de la santé. Chacun sait alors qu'il est, d'une certaine façon, à l'abri de la malchance ou de quelque autre situation défavorable. D'ailleurs, dans un tel

---

4. L'histoire de Roseto est rapportée dans Dennis Jaffe, *La guérison est en soi*, Robert Laffont, Paris, 1980, p. 166 et suivantes.

milieu, on n'attend pas le malheur pour agir, puisque la solidarité se construit à partir de contacts et d'échanges multiples, grâce à la participation de chacun à un ou plusieurs réseaux d'activités les plus diverses comme les loisirs, le culte religieux, les œuvres humanitaires, etc. De cette façon, l'isolement est évité. Les villes modernes favorisent au contraire l'anonymat et l'individualisme ; c'est là un facteur important qui augmente le stress et le contingent de maladies qui lui sont liées. En particulier, beaucoup des problèmes mentaux qui caractérisent notre ère sont directement liés à cet éclatement des réseaux de solidarité.

Comme les gens ne peuvent plus compter sur leurs parents, sur leurs amis ou même sur la communauté pour les aider à régler les problèmes auxquels ils sont confrontés, ils dépendent de plus en plus des « experts » pour se sortir de leurs difficultés. Cette dépendance présente des dangers incontestables. Tout expert qu'il soit, un médecin ou n'importe quel autre spécialiste n'en demeure pas moins un être humain susceptible de se tromper. Par incompétence, ou à cause de ses préjugés, ou parce qu'il n'est pas en possession de toutes ses facultés (entre 15 % et 20 % des médecins seraient alcooliques ou toxicomanes), ou parce que ce jour-là il ne se sent pas bien, ou tout simplement parce qu'il fait une erreur de jugement, le médecin peut prendre la mauvaise décision et procéder à des interventions pharmacologiques ou chirurgicales inappropriées qui peuvent mettre la vie de son client en danger. Il faut comprendre qu'il est souvent en conflit d'intérêt et que sa tendance naturelle consiste à trancher le conflit en sa propre faveur. Il conseillera donc la procédure qui lui rapportera le plus financièrement, il orientera son client vers la solution avec laquelle il est le plus à l'aise même si elle ne constitue pas nécessairement la meilleure voie dans les circonstances, il s'organisera pour garder le contrôle de la situation et ainsi maintenir son pouvoir... Ainsi, comme le souligne Capra, « quelque 30 % à 50 % des hospitalisations ne se justifient médicalement pas alors que d'autres services thérapeutiques plus efficaces et économiquement plus rentables ont pratiquement disparu[5] » ; mais l'hôpital est le lieu où les médecins se sentent chez eux, où ils sont rois et maîtres, où ils ont intérêt à ce que le plus grand nombre de leurs malades séjournent. C'est sans doute là une des raisons pour lesquelles une si grande proportion des dépenses de santé est consacrée aux hôpitaux, dans les pays industrialisés ; et à ce titre, le Québec s'avère grand champion, avec 43 % de ses dépenses totales de santé. À ce chapitre, le « virage ambulatoire » trouve là sa justification ; peut-être que la population, qui s'y sent bousculée dans ses habitudes, y trouvera-t-elle beaucoup plus de bénéfices que la simple réduction des dépenses publiques.

La dépendance des experts est un phénomène d'autant plus dangereux qu'il n'est jamais statique : à la manière d'une maladie envahissante, cette dépendance s'accroît sans cesse. Il n'en peut être autrement ; l'expert qui veut conserver son pouvoir maintient l'ignorance du dépendant, et ce dernier perd de plus en plus la

5. *Le temps du changement, op. cit.*, p. 135.

capacité de régler lui-même ses problèmes. Ainsi, nous assistons à une médicalisation croissante de notre société ; nous confions de plus en plus de nos difficultés aux médecins qui progressivement, nous imposent leur vision de la santé et de la maladie. Pour eux, « la notion des pouvoirs curatifs inhérents à notre organisme et sa tendance à demeurer sain ne sont jamais mentionnées, et la confiance en son propre corps n'est pas promue. Pas plus qu'on attire l'attention sur la relation existant entre la santé et les habitudes de vie ; on nous assure que les médecins peuvent tout réparer quel que soit notre mode de vie[6]. »

Sauf pour un nombre limité de maladies, les interventions médicales n'ont pas l'efficacité qu'on serait porté à leur attribuer. Entre 25 % et 50 % des autopsies pratiquées sur les malades morts à l'hôpital montrent qu'ils ne sont pas décédés de ce pourquoi ils étaient traités. En fait, pour la plupart des conditions pathologiques, les traitements médicaux sont empiriques. Un pharmacologue a calculé que la probabilité qu'un malade reçoive le bon médicament n'était que de 25 %. L'histoire de la médecine est farcie de traitements utilisés pendant des périodes plus ou moins longues, puis abandonnés par la suite parce que jugés inefficaces ou même nocifs. La plupart du temps, les malades guérissent parce qu'ils auraient guéri de toute façon ; ils guérissent sans aucune contribution des traitements qui leur sont donnés, souvent même *malgré* ces traitements qui leur nuisaient davantage qu'ils ne les aidaient.

---

6. *Ibid.*, p. 133.

L'organisme humain possède une capacité d'autoréparation absolument fantastique. Nos experts l'ont oublié ; d'ailleurs, s'ils l'admettaient, ils devraient se contenter d'un rôle beaucoup plus discret et intervenir tellement moins souvent. Les médecins ne font plus confiance à la nature et ils interviennent au moindre dérèglement, même si le soi-disant dérèglement est souvent un moyen pris par l'organisme pour régler un problème. La diarrhée permet d'évacuer des matières toxiques ou des microbes possiblement dangereux, la fièvre rend la survie de certains virus impossible, etc.

Le problème de la médecine provient, paradoxalement, de ses succès. L'efficacité de certains traitements médicaux, notamment des antibiotiques, a provoqué une confiance abusive dans la pharmacologie, de telle sorte que progressivement les médecins ont abandonné les autres méthodes de traitement (sauf la chirurgie). Si aujourd'hui d'autres approches thérapeutiques connaissent une audience croissante et des succès incontestables, c'est en large part parce qu'elles s'appuient sur une plus grande confiance en la capacité de l'organisme de s'autoréparer ; au lieu de s'immiscer dans le travail de guérison et de lui nuire, elles axent leurs actions sur le renforcement des mécanismes naturels.

Malgré l'envahissement progressif de la médecine, beaucoup de gens recherchent aujourd'hui une plus grande autonomie pour leur santé. Des groupes d'autosanté ont commencé à faire leur apparition ; ils ont été fondés surtout par des femmes qui réalisaient à quel point le système de soins actuel répondait mal à leurs besoins.

L'autosanté n'est pas une fin en soi. S'il ne s'agissait que de faire soi-même ce que des professionnels peuvent faire, on n'y trouverait qu'un intérêt économique, ce qui n'est déjà pas négligeable. Mais il y a beaucoup plus : l'autosanté m'apparaît comme un moyen important d'arriver à une meilleure santé, et cela, pour plusieurs raisons.

Dans le maintien de sa santé, il est important pour chaque personne de connaître les liens possibles avec son genre de vie, pour être en mesure d'exercer des choix qui relèvent strictement d'elle — même s'ils sont fortement influencés par le contexte social. Il devient également important d'avoir une idée de ses liens possibles avec l'environnement physico-social, pour justifier et orienter ses engagements sociaux, et en particulier sa contribution aux changements qui s'imposent. De plus, il est nécessaire pour chacun d'arriver à se connaître suffisamment pour déceler les indices signalant un dérèglement imminent, afin de pouvoir procéder aux réajustements qui s'imposent avant qu'il ne soit trop tard ; ainsi, beaucoup de gens — des hommes surtout — meurent de crise cardiaque parce qu'ils n'ont pas porté attention aux symptômes qu'ils ressentaient.

Au moment où survient la maladie, quand l'équilibre est compromis, il serait nécessaire d'apprendre :

– à distinguer ce qui risque d'être grave de ce qui ne l'est point ;

– à faire confiance à la capacité prodigieuse d'autoréparation de son organisme ;

– à savoir comment mobiliser ses forces pour hâter sa guérison (par l'alimentation, le repos, des contacts humains chaleureux, etc.) ;

– à porter attention aux symptômes ressentis pour comprendre les messages qu'ils nous livrent et entreprendre les changements qu'ils réclament ;

– à l'occasion, à s'approprier certaines techniques dites douces qui peuvent aider à la guérison.

Quand on décide de consulter un professionnel (ou un soignant en général), il faudrait pouvoir le considérer comme un instrument *possible* (qu'on n'emploiera pas forcément) ; si l'on veut en obtenir le meilleur service, il faut être en mesure de l'interroger, de le surveiller, de compléter son avis par d'autres opinions professionnelles et au besoin de remettre en question son traitement, car c'est la personne qui en sent les effets et est en mesure de voir s'il aide ou non, ou pire, s'il nuit.

L'autosanté consiste donc à prendre en charge sa santé et, lorsqu'une maladie le requiert, à être en mesure d'utiliser pertinemment les services des soignants[7]. Cela n'exige pas de suivre un cours de médecine ou de se préparer à affronter seul toute situation ; il faut reconnaître que des gens sont plus doués dans certains domaines, qu'ils peuvent avoir davantage de connaissances et qu'ils sont en mesure de nous rendre service ; mais en même temps, qu'ils peuvent être parfois incompétents, se tromper ou ne pas disposer de meilleures solutions que nous.

---

7. J'ai amplement développé ces deux thèmes dans *Moi, ma santé*, Éditions Écosociété, Montréal, 1994.

L'autosanté ne peut s'atteindre seul : pour se donner les conditions sociales favorables à la santé, un projet collectif s'impose et il est nécessaire de conjuguer nos efforts pour le réaliser. De plus, pour acquérir les connaissances nécessaires, il faut disposer d'organismes ou de structures de partage de connaissances avec des professionnels ouverts à la collaboration. Il serait également souhaitable qu'existent des organismes de pression et des mécanismes de participation efficaces, pour arriver à obtenir des services de santé et de soins adéquats. Enfin, pour se donner un support mutuel fort nécessaire tant pour la santé que pour la maladie, il faudrait organiser de multiples réseaux de solidarité.

Chapitre VIII

Des loisirs qui libèrent

Dans les sociétés occidentales souvent décrites comme « sociétés de loisirs », ceux-ci ne sont accessibles qu'à ceux qui travaillent ; les autres ne « mériteraient » pas cette récompense. En fait, ils ne peuvent se la payer, car l'idéologie dominante a si fortement contaminé les loisirs qu'ils sont maintenant devenus un pilier important de la consommation. Comme l'écrit Fromm, « en ce qui concerne le temps consacré aux loisirs, l'automobile, la télévision, les voyages et le sexe sont les principaux objets de la consommation actuelle et [...] au lieu de parler à leur propos d'« activités de loisir », on ferait beaucoup mieux de les appeler « *passivités* de loisir [1] ». Si les gens sont devenus si passifs dans leurs loisirs, c'est que souvent leur travail exige tellement d'eux qu'il ne leur reste ensuite plus d'énergie pour rien, sinon pour se laisser porter.

---

1. *Avoir ou être ?*, *op. cit.*, p. 46.

Bon nombre de personnes ont des revenus assez élevés ou ont facilement accès au crédit. Aussi assiste-t-on, dans le domaine des loisirs, au développement rapide d'une florissante industrie qui d'une part exploite l'insatiabilité des consommateurs, d'autre part en profite pour augmenter, s'il se peut, la dépendance et l'individualisme des gens. L'achat est devenu en lui-même une « activité » qui fait partie des loisirs, avec ses lieux privilégiés qui se donnent de faux airs de fête, avec ses moments désignés où les consommateurs peuvent communier à l'euphorie collective de la consommation : Noël, Pâques, la Fête des mères, la Saint-Valentin, l'Halloween...

On achète des biens, on achète des spectacles : tout est commerce. Et tout est devenu spectacle : le sport, la guerre, la famine. Et le spectacle télévisé, en particulier, prend une importance toujours plus grande ; car la passivité accroît la dépendance, et de plus en plus de gens vivent par procuration, laissant à leurs héros le champ de l'activité. Le développement des appareils électroniques comme le vidéoscope et le baladeur renforcent l'isolement — les gens peuvent s'enfermer dans leur monde et même circuler et rencontrer d'autres personnes sans entrer en communication d'aucune façon avec elles, car seul leur corps se promène tandis que leur esprit est branché ailleurs. Les gens perdent tout sens d'initiative ; aussi, quand ils décident de sortir de leur isolement, ils se font organiser des voyages ou des vacances au Club Med, ils contactent une agence de rencontre pour qu'on leur trouve « l'âme sœur », ils pénètrent dans le circuit des thérapies de groupe où l'on paye pour écouter et se faire écouter.

Le temps hors travail pourrait être utilisé pour diminuer sa dépendance envers un emploi salarié et par le fait même permettre de réduire la proportion de temps accordée au secteur hétéronome, celui qu'on ne contrôle pas. Car le temps libre n'est pas forcément un temps vide, inoccupé et inutile ; c'est un temps dont on dispose pour faire *en liberté* ce qui n'est pas imposé, ce qui plaît. Et ce qui plaît n'est pas forcément inutile, bien au contraire.

L'orientation productiviste de la société et surtout des lieux de travail est si importante que beaucoup de gens en viennent à accomplir leurs tâches hors travail en se donnant des contraintes qui les rendent aussi pénibles que celles qu'ils exécutent dans la sphère hétéronome. Le bricolage, les diverses tâches domestiques et autres travaux nécessaires deviennent autant de fardeaux qu'il faut expédier le plus rapidement possible pour enfin avoir du « temps à soi ». Tout cela aboutit à des situations d'un ridicule consommé : on se dépêche de tondre sa pelouse grâce à une tondeuse à moteur pour avoir le temps d'aller faire son jogging, on revient vite du travail en automobile pour aller faire sa promenade à bicyclette, etc. On pourrait exécuter les activités de « survie » — s'alimenter, se vêtir, se déplacer et améliorer son logement — de façon telle qu'elles deviennent épanouissantes : en respectant son rythme, en se donnant l'occasion de côtoyer d'autres personnes et de fraterniser avec elles, en faisant travailler et en développant ses muscles, en se mettant en contact avec la matière et la nature, en forçant son ingéniosité et en débridant sa créativité... Tout est finalement dans l'esprit, dans la façon d'envisager une tâche. Ce qui est perçu comme imposé devient souvent difficile à accomplir alors que ce qui est choisi peut devenir épanouissant ; bien sûr qu'on n'a pas le choix, par exemple, de manger ou non, mais la manière de le faire peut prendre des formes tellement différentes qu'avec un peu d'imagination et d'application, il est possible que cela devienne une activité enrichissante à plusieurs points de vue.

Chacun doit consacrer une proportion plus ou moins importante de ses revenus à satisfaire ses besoins vitaux ; cette part dépend évidemment du niveau de revenus, mais aussi et souvent davantage du degré de transformation des matières achetées et de la plus ou moins grande frugalité de ses aspirations. S'habiller chez une couturière ou chez un tailleur coûte plus cher que se procurer du prêt-à-porter, ce qui dépasse nettement le coût d'achat du tissu quand on coud soi-même et encore le prix du fil si on tisse ou tricote ses vêtements. On pourrait établir la même échelle pour les aliments, pour le logement et pour d'autres besoins. La plupart des gens pourraient facilement, s'ils le voulaient, devenir de plus en plus autonomes grâce à leurs activités de loisir. Parfois, il faudra apprendre une technique, se procurer quelques outils ou instruments ou se doter d'organisations communautaires pour se faciliter la tâche.

Il y a une vingtaine d'années, le collectif *Socialisme et santé*, dont je faisais partie, a présenté un mémoire à l'occasion des audiences sur le *Livre vert sur les loisirs*, où étaient proposés les quatre critères suivants pour le développement de loisirs de masse :

> **L'accessibilité** : il faut multiplier les équipements de loisir, prioritairement dans les quartiers populaires et les régions éloignées ; pour ce faire, on devrait choisir des types d'équipement dont la mise sur pied ne coûte pas cher (par participant éventuel) et qui permettent des activités dont la pratique n'entraîne pas de coûts élevés, par exemple on pourrait mettre à la disposition de la population des bicyclettes communautaires avec des pistes cyclables permettant de s'en servir, des skis de randonnée et des pistes gratuits, des pelouses publiques sur lesquelles on puisse pratiquer certains sports estivaux, etc.
>
> **La participation « signifiante »** : notre société suradministrée prive les gens de la possibilité de prendre des décisions ; tout cela est à changer. Dans les loisirs tout au moins, les gens pourraient retrouver dès maintenant cette possibilité de s'autodéterminer [...].
>
> **L'aspect social** : il faut privilégier les formes de loisirs qui permettent les contacts avec les autres et la communication, par exemple des fêtes populaires, des sports d'équipe, des activités folkloriques, etc. Pour faciliter aux femmes isolées au foyer une telle participation, il faudrait mettre à leur disposition des garderies.
>
> **Le respect du milieu** : dans bien des cas, les loisirs devraient permettre un contact plus direct avec la nature ; tout au moins, leur pratique ne devrait pas

conduire à la détérioration d'un environnement déjà souvent compromis[2].

Le respect de ces critères permettrait d'orienter les gens vers des activités qui comptent davantage sur l'énergie humaine que sur l'énergie fournie par des moteurs — véhicules tout terrain, motoneiges, moto marines... —, et cela répondrait aux besoins d'un grand nombre, puisque la plupart des emplois de la sphère hétéronome sont fortement automatisés et requièrent de moins en moins de travail musculaire. De plus, l'élimination des moteurs éviterait d'augmenter encore la pollution de l'environnement, par les émanations gazeuses, mais aussi par le bruit. Il faudrait aussi favoriser les activités qui font appel à la participation plutôt que celles qui développent la compétition ; même si une certaine émulation ou des défis sont parfois souhaitables, trop souvent l'implacable compétition qui caractérise la société dénature les activités de loisirs et leur fait perdre leur potentiel de relaxation. Les motoneiges, les embarcations motorisées et le motocross sont les prolongements d'une société qui privilégie la vitesse et la compétition ; or les loisirs devraient favoriser le retour à l'équilibre et non accentuer les travers sociaux.

---

2. Tiré de Serge Mongeau, *Adieu médecine, bonjour santé*, Éditions Québec/Amérique, Montréal, 1982, p. 124.

Chapitre IX

L'automobile : liberté ou aliénation ?

L'AUTOMOBILE constitue l'archétype de la surconsommation caractéristique des sociétés industrialisées. Et on y trouve certainement la plus grande source d'aliénation pour nombre de gens. Comme le souligne Ivan Illich, « Aujourd'hui les gens travaillent une bonne partie de la journée seulement pour gagner l'argent nécessaire pour aller travailler[1] ». Et il ajoute : « Depuis deux générations, dans les pays industrialisés, la durée du trajet entre le logement et le lieu de travail a augmenté plus vite que n'a diminué, dans la même période, la durée de la journée de travail. »

Les deux phénomènes relèvent de la même cause : la prépondérance de l'automobile privée comme mode de transport. Ainsi que le montrent les études annuelles du *CAA-Québec*, les coûts liés à la possession et à l'entretien d'une voiture augmentent constamment —

---

1. *Énergie et équité*, Éditions du Seuil, Paris, 1975, p. 41.

plus vite que l'inflation ces dernières années — s'établissant à 7700 dollars en 1995 pour une voiture de taille moyenne. Si l'on ajoute à ces frais directement déboursés par l'usager ceux qui incombent à l'État — construction et entretien des routes, police, conséquences de la pollution, frais d'hospitalisation pour les victimes de la route — c'est un autre montant de l'ordre de 5 000 à 8 000 dollars par année que coûte l'usage de l'automobile et que chaque citoyen doit payer par les taxes ou les impôts. Les gens travaillent de plus en plus pour payer leurs déplacements et comme ils sont nombreux à vivre dans des villes plus congestionnées ou en banlieue, ils passent de plus en plus de temps à se déplacer pour aller travailler!

Posséder une automobile impose donc une charge importante au point de vue financier et au point de vue de la consommation de temps. Le fait que dans les sociétés industrialisées, il y ait tant d'automobiles a beaucoup d'autres retombées négatives pour l'ensemble des citoyens. Faut-il encore les rappeler ici, vu qu'il existe déjà tellement d'études sur le sujet? Contentons-nous des principales, telles qu'identifiées par Claire Morissette, une militante de longue date du *Monde à bicyclette*[2] :

– « les accidents de la route ont fait 52003 victimes au Québec en 1991, dont 1006 morts et 7039 blessés graves » ;

---

2. Données tirées de *Deux roues, un avenir,* Éditions Écosociété, Montréal, 1994, p. 44 et suivantes.

– l'auto engendre de 20 % à 25 % des bioxydes de carbone qui s'accumulent en haute atmosphère et contribuent de manière importante à l'effet de serre ; il y a aussi beaucoup d'autres émanations de l'auto qui concourent à la pollution de l'air ;

– « l'industrie automobile engloutit une quantité ahurissante de ressources : 10 % de la production mondiale d'aluminium, 20 % de l'acier, 35 % du zinc, 60 % du caoutchouc et 7 % du cuivre. Une auto neuve arrivant sur le marché a déjà consommé 20 % de toute l'énergie qu'elle requerra jusqu'à sa disparition » ;

– « la fabrication d'une seule automobile entraîne l'accumulation de 25 tonnes de déchets industriels et de résidus de toutes sortes » ; et pendant sa vie, une auto continue à générer d'autres déchets : pneus usés, piles, huile vidangée... ;

– l'automobile est très énergivore : « Si on considère la filière énergétique dans son ensemble, des puits d'Arabie au tuyau d'échappement, l'efficacité totale n'est que de 5 % : pour 100 joules tirés du sous-sol, 20 joules seulement passeront de la pompe à essence au réservoir de l'auto (80 joules étant absorbés par le pompage, le transport, le raffinage et la distribution de l'essence), et trois seulement serviront au déplacement réel (le reste étant dispersé en chaleur ou gaspillé à rouler sur place). Le moteur à combustion interne a en effet un rendement d'environ 15 % dans la conversion de l'énergie chimique de l'essence en énergie thermique, puis mécanique : de quoi faire pleurer un ingénieur ! » Les 622 millions de voitures et de camions en circulation dans le monde nous acheminent très rapidement vers un épuisement des réserves mondiales en pétrole.

Il y a plus. Car la place accordée à l'automobile dans notre civilisation a déjà eu beaucoup de conséquences sociales : étalement urbain, création de villes-dortoirs, destruction de logements à loyer modique pour faire place aux autoroutes et aux stationnements, disparition de nombreux endroits de vie communautaire... Sans doute la civilisation de l'auto, avec les déplacements de porte à porte qu'elle permet, contribue-t-elle aussi à l'obésité et à la mauvaise condition physique de beaucoup de gens.

En somme, l'automobile, qui symbolise la liberté pour tellement de monde, s'avère au contraire un frein important à cette liberté, puisque pour se la payer, il faut travailler beaucoup plus et il faut accepter des emplois assez rémunérateurs pour pouvoir en rencontrer les obligations. Et sur le plan collectif, l'automobile nous précipite vers la catastrophe.

Mais alors, pourquoi une telle popularité ? Pourquoi de tels compromis pour en posséder une ? Pourquoi un tel aveuglement devant ses conséquences réelles, à brève et surtout à longue échéance ?

D'abord, il faut constater qu'à partir d'une certaine densité du parc automobile, l'auto crée sa propre nécessité. Plus il y a de véhicules sur les routes, plus il faut de routes, d'autoroutes et d'espaces de stationnement. En conséquence, les villes s'étalent en faisant plus de place aux autos qui y viennent plus nombreuses et qui rendent la vie en ville moins salubre et moins agréable, ce qui amène cet autre facteur d'étalement qu'est la création de la banlieue. Plus les villes sont étalées, plus il est difficile d'y organiser de bons transports en commun ; et à mesure que ces derniers se dégradent, les gens achètent encore plus d'autos. Beaucoup d'emplois — dont les revenus serviront en bonne partie à payer l'auto — requièrent aussi une auto, à cause de leur localisation ou parce qu'ils exigent des déplacements nombreux.

Sur le plan macroéconomique, le secteur automobile occupe une telle place dans l'économie nationale que les gouvernements font toutes sortes de concessions à l'industrie automobile pour tenter de l'attirer ou pour la garder sur place. De plus, ils gèrent de mauvaise foi les transports en commun — quand ils ne les détruisent tout simplement pas.

L'automobile est devenue l'un des fondements de notre civilisation. Comme l'écrit Jeremiah Creeden, un écrivain américain de Minneapolis, « L'hypothèse veut maintenant que les automobiles soient "naturelles" alors que le piéton ne l'est pas[3]. » Avec nos automobiles, nous détruisons de plus en plus la nature, nous remplaçons les espèces animales et végétales que nous faisons disparaître par nos créations, nos machines qui nous déplacent sur terre, mais aussi dans l'air et sur l'eau.

On trouve dans le secteur de l'automobile plusieurs des plus importantes entreprises du monde. Elles disposent de budgets publicitaires énormes ; sans doute contribuent-elles à former notre psyché collective, dans laquelle l'automobile occupe une place de choix. Car

3. « The Fantasy Machine », *New Internationalist*, mai 1989, p. 9.

c'est probablement par ses fonctions symboliques que l'auto séduit le plus : le pouvoir qu'elle confère à la personne derrière le volant, qui, si fragile soit-elle, devient le maître absolu de tous ces chevaux-vapeur qui obéissent aveuglément à ses moindres directives ; la liberté qu'elle offre — vous allez où vous voulez à l'heure qui vous plaît, sans dépendre de qui que ce soit, les routes du continent entier vous sont ouvertes, le chemin de l'aventure vous est ouvert... La littérature et le cinéma ont amplement développé ce thème mythique.

Mais en fait, l'automobile permet de *rêver* à la liberté ; en attendant, on sacrifie sa liberté pour la payer. Et même quand on est riche, l'encombrement des routes restreint énormément la marge de manœuvre. De plus, on sacrifie la liberté des générations futures, qui n'auront pas le choix de s'accommoder de ce qui restera de la planète.

Le parc automobile du Canada compte plus de 17 millions de véhicules. C'est le deuxième pays, après les États-Unis, pour le nombre de voitures par personne. En ce qui regarde l'avenir de la planète, nous portons une grande responsabilité ; et ce n'est pas parce que nos gouvernements s'en lavent les mains que nous devons en faire autant. Ne serait-ce que pour des motifs écologiques, nous avons déjà toutes les raisons de chercher les moyens de réduire le plus possible l'usage de l'automobile, de l'avion (encore plus polluant que l'auto, par kilomètre/personne), du transport par camion et dans une moindre mesure des transports en commun. Pour notre libération personnelle, c'est une action encore plus significative.

Personnellement, je considère qu'une des décisions les plus importantes dans ma vie a été, il y a une vingtaine d'années, de me départir de mon auto. J'ai acheté ma première auto quand j'avais 20 ans, alors que j'étais encore étudiant ; c'était pour moi un moyen de combiner études et travail et d'être autonome. Une fois marié, quand ma femme a repris ses études, nous avons acheté une seconde voiture. Quand nous sommes partis pour un séjour prolongé au Chili, nous avons vendu les deux voitures. Au retour, nous avons décidé de n'acheter qu'une auto pour ma femme, en nous disant qu'au besoin, quand la bicyclette ou les transports en commun ne pourraient répondre à nos besoins, nous pourrions toujours prendre un taxi avec l'argent économisé. Nous demeurions en banlieue de Montréal, sur la Rive-sud. J'ai pris l'habitude de me déplacer le plus souvent à bicyclette, parfois dans des conditions héroïques — traverser le pont Jacques-Cartier en hiver n'est pas toujours facile ! — ou par autobus. Très souvent, il n'y avait personne à la maison et l'auto était devant la porte. Et finalement, nous ne prenions jamais de taxis ! Bien sûr, le fait de ne pas avoir d'auto a modifié mon genre de vie, mais l'importance de cette décision ne m'est apparue que récemment, quand j'ai réalisé combien j'avais ainsi économisé d'argent. En tant qu'écrivain, je n'ai pas de revenus fixes, et même si certaines années, mes gains sont très peu élevés, je réussis à vivre ; j'ai même pu épargner assez d'argent pour contribuer de façon importante à la mise sur pied des

Éditions Écosociété. J'ai calculé qu'entre 1974 et 1994, j'ai économisé au minimum 110 000 dollars — sans compter les intérêts — en ne tenant compte que des coûts annuels établis par le CAA.

Dans notre civilisation de l'auto, il n'est pas facile d'aller à contre-courant et de dire non ; ceux qui le font sont d'une certaine manière pénalisés. Il serait possible et souhaitable de concevoir différemment nos sociétés, d'abord pour diminuer le besoin de se déplacer, en intégrant les diverses fonctions sociales — le travail, les loisirs, la vie communautaire, ce qui permettrait de réduire les distances et faire qu'on puisse les marcher, ensuite en donnant la première place à la bicyclette en faisant les aménagements appropriés, enfin en organisant un réseau complet et efficace de transport en commun (« un autobus peut remplacer 35 autos ; un véhicule de transport rapide peut faire le travail de 50 autos et un train peut remplacer 1 000 autos[4] »).

Pour Vélo Québec, voici ce qu'il faudrait pour arriver à un Québec « cyclable » :

– des aménagements permettant à tous les usagers, dont les cyclistes, de partager la rue et le réseau routier ;

– un code de la route qui donne des droits aux cyclistes ;

– de grandes voies de circulation à bicyclette dans les villes ;

4. Stephen Geisler, « General Motors, the car and the city », *Our Generation*, Vol. XII n° 13, 1978.

– des possibilités d'accès des vélos sur les moyens de transport en commun : autobus, métro, trains, traversiers, etc. ;

– l'installation de stationnements sécuritaires pour vélos dans tous les endroits publics ;

– l'accès des vélos aux ponts et la possibilité de traverser sans danger les grands carrefours de circulation automobile ;

– l'aménagement de douches sur les lieux de travail de façon à encourager l'usage de la bicyclette ;

– la mise sur pied de programmes municipaux d'activités pour les cyclistes ;

– l'organisation de voyages à bicyclette ;

– une organisation forte, un grand mouvement qui défende les intérêts des cyclistes.

En l'absence de conditions idéales, il faut composer avec la réalité actuelle. D'abord en tentant de diminuer ses besoins de déplacement : en se rapprochant de son travail ou en rapprochant son travail de soi, en le faisant à domicile ; pour beaucoup d'occupations, c'est maintenant possible, grâce notamment aux instruments modernes de communication. Ensuite, en redonnant à la marche la place qu'elle devrait occuper dans nos vies, ne serait-ce que pour notre santé ; la bicyclette peut jouer le même rôle, élargissant considérablement la zone accessible par automotricité. Pour les distances plus grandes, les transports en commun et le covoiturage (régulier ou occasionnel, comme celui organisé par *Allo-Stop*) conviennent souvent.

Sans renoncer complètement à l'usage d'une automobile, on peut diminuer de façon appréciable ses coûts et ses effets sur l'environnement en partageant la propriété d'une voiture avec un ami ou un parent, ou avec un groupe de personnes dans le cadre d'une coopérative de copropriété de voitures ou encore en adhérant à une agence de location de voitures collectives. Cette dernière formule se répand rapidement : les membres doivent verser une contribution de base (remboursable) et une cotisation annuelle qui varie d'après la fréquence d'utilisation estimée, de même que des frais par kilomètre parcouru ; les automobiles sont stationnées à divers endroits du territoire couvert et les membres qui veulent les utiliser doivent simplement communiquer avec le central téléphonique pour savoir quel véhicule prendre[5].

Il y a aussi moyen de louer une voiture pour les occasions spéciales (voyage, vacances...) ; et les taxis demeurent toujours accessibles.

Jusqu'où aller dans la remise en question de l'auto ? Je serais porté à dire le plus loin possible. L'Amérique du Nord possède 35,27 % des véhicules du monde, ce qui fait que nous sommes responsables d'une partie exagérée de la pollution et du gaspillage des ressources. Certes, ce n'est pas la décision d'un individu qui fait une grande différence ; mais c'est en raisonnant de cette façon que les situations les plus inacceptables perdurent. Je crois aussi que c'est la responsabilité des gens financièrement à l'aise de faire le premier pas ; qu'une

---

5. Au Québec, on trouve deux organismes du genre : à Montréal, **CommuneAuto** (4597 de l'Esplanade, H2T 2Y6 ; 514-843-4825) et à Québec, **Auto-Com** (620 Saint-Jean, c.p. 6603, G1R 5T1 ; 418-523-1788).

personne qui peut se payer une automobile choisisse de ne pas en avoir a une grande valeur de témoignage. Une telle décision, associée à une action militante en faveur des transports en commun et de la bicyclette, s'avère certainement une contribution significative au changement de mentalité si nécessaire.

CHAPITRE X

Se fondre dans l'environnement

NOUS SOMMES étroitement liés à la nature; en fait, nous en faisons partie et nous nous reconstruisons entièrement à partir de certains de ses éléments. Nous ne pouvons détruire notre environnement sans nous détruire, nous ne pouvons le salir sans en être affectés. La sagesse populaire nous dit que « quand on crache en l'air, ça nous retombe sur le nez » ; on ne peut trouver meilleure illustration de cette vérité que dans l'augmentation rapide du taux de cancer de la peau au Québec, phénomène directement lié à l'amincissement de la couche d'ozone à cause des nombreux produits chimiques que nous rejetons dans l'air : entre 1974 et 1996, le nombre de cas annuels est passé de 1947 à 14951 [1]. Nous avons cru pouvoir maîtriser la nature, il aurait fallu nous y fondre.

---

1. Christian Lamontagne, « À la recherche du temps perdu », *Le guide ressources*, septembre 1997.

Un problème majeur de notre époque est le fait qu'existe un fossé de plus en plus large entre la sagesse humaine et le développement de la technologie. La recherche scientifique permet de perfectionner constamment la technologie ; mais la technologie n'a pas d'âme, et comme le note Schumacher, elle « ne connaît aucun principe d'autolimitation — par exemple, quant à la taille, la vitesse ou la violence. Elle ne possède donc pas les vertus de s'autoéquilibrer, s'autoréguler et s'autopurifier. Dans le système subtil de la nature, la technologie, et surtout la supertechnologie du monde moderne, intervient comme un corps étranger. On observe maintenant de nombreux signes de rejet[2]. » Aussi, n'est-il pas étonnant, toujours d'après Schumacher, que « l'environnement vivant, pilier de la vie humaine, est malade : il gémit et donne des signes d'effondrement partiel[3] ». C'est aussi la thèse de Commoner, qui déjà en 1971 démontrait fort éloquemment que la destruction rapide de notre environnement était en grande partie imputable à la technologie que nous employons, choisie en fonction des profits qu'elle permet, la plupart du temps au détriment de l'environnement[4].

Personne ne nie aujourd'hui l'existence des nombreuses sources de pollution. « Plus de 40 000 substances toxiques se baladent allègrement dans l'environnement », constate un journaliste, qui ajoute : « On

---

2. *Op. cit.*, p. 153.

3. *Ibid.*, p. 154.

4. Barry Commoner, *The Closing Circle*, Bantam Books, New York, 1971.

ne possède aucune information sur la toxicité de 80 % de ces substances et rien des effets chroniques sur la santé de 90 % d'entre elles[5]. » Et l'on ne semble pas s'inquiéter : chaque jour, on jette dans le fleuve Saint-Laurent près de 2 millions de kilos de déchets industriels. Anita Gordon et David Suzuki rapportent que

> selon l'Organisation de coopération et de développement économique (OCDÉ), dont le siège est à Paris, les Canadiens rejettent, par personne, plus de substances polluantes dans l'atmosphère que la plupart des citoyens des principaux pays industrialisés : plus de dioxyde de souffre, de monoxyde de carbone et de diverses particules (comme la suie) que les Américains, les Français, les Allemands de l'Ouest, les Italiens, les Britanniques et les Japonais. De plus, nous sommes bons deuxièmes, derrière les Américains, quant aux émissions par personne d'oxyde nitreux, lequel contribue considérablement à l'effet de serre et à l'amincissement de l'ozone[6].

La raréfaction d'un certain nombre de ressources naturelles constitue un autre élément de la crise de l'environnement. Nous avons pu comprendre, pendant les années 1970, que le pétrole était une ressource limitée et qu'il y avait un fond au baril ; mais la leçon n'a pas été retenue longtemps, et nous continuons à l'utiliser comme s'il y en avait encore pour des milliers d'années, ce qui est loin d'être le cas. Et de plus en

5. André Bélanger, « Portrait de tueurs », *Écologie*, février-mars 1990.

6. Anita Gordon et David Suzuki, *En route vers l'an 2040*, Libre Expression, Montréal, 1993, p. 78.

plus, c'est l'eau qui manque : l'eau potable, mais aussi, dans beaucoup de régions, l'eau pour l'irrigation et la culture.

Pour éviter que se multiplient les Love Canal[7] et autres tragédies à retardement, pour empêcher des catastrophes écologiques comme Seveso[8], Bhopal[9] et Tchernobyl[10], il faudrait agir immédiatement et radicalement. Certes, les décisions à prendre seront parfois difficiles, mais au point où nous en sommes, cela devient une obligation morale. « Aucun degré de prospérité ne saurait justifier que l'on accumule de grandes quantités de substances hautement toxiques, que personne ne sait rendre inoffensives, et qui font

---

7. Love Canal est une banlieue de Niagara Falls, dans l'État de New York, qui avait été érigée sur un site ayant servi au cours des années 1950 de dépotoir industriel ; en mai 1980, toute la population a été déménagée pour des raisons de santé : augmentation de leucémies et d'autres cancers, anomalies congénitales, etc.

8. À Seveso, en Italie, la compagnie pharmaceutique Hoffman-Laroche a laissé échapper dans l'air une importante quantité de dioxine et n'a pas jugé bon d'en avertir la population. Il y a eu de nombreux décès d'animaux et une augmentation des anomalies congénitales et des cancers humains.

9. Bhopal est une ville de l'Inde où une fuite de plusieurs tonnes d'isocyanate de méthyle de la compagnie *Union Carbide Chemicals* a causé la mort de plus de 2 500 personnes et des atteintes plus ou moins graves à au moins 100 000 autres.

10. Dans la nuit du 26 avril 1986, la centrale nucléaire de Tchernobyl, en Ukraine, a explosé. Plus de 8 000 décès sont officiellement attribués à cette catastrophe, mais les conséquences pour des millions d'autres personnes sur toute la Terre de l'arrivée dans l'air de cette radiation ne seront jamais connues.

planer un danger inestimable sur la création toute entière [...] Agir ainsi, c'est transgresser la vie elle-même, transgression infiniment plus sérieuse que n'importe quel crime jamais perpétré par l'homme », écrit Schumacher [11]. Bien sûr, les actions requises se situent d'abord sur le plan collectif — par voie de règlements, par des travaux de dépollution d'envergure, etc. — mais comme elles ne seront entreprises qu'à la suite d'une sensibilisation de masse, il faut d'abord commencer chacun dans les limites de ses possibilités.

La prise de conscience des conséquences sur l'environnement de nos comportements a déjà provoqué une certaine interrogation à propos de nos habitudes de consommation qui a entraîné des modifications dans nos modes de vie. Des gens en nombre croissant récupèrent le verre, le plastique, le papier et le métal pour le recyclage. Malheureusement, plusieurs s'arrêtent là ; ils ont l'impression d'avoir fait leur effort pour l'environnement. C'est déjà quelque chose, mais c'est trop peu. Il faudrait que chaque personne analyse ses activités quotidiennes pour trouver des moyens de diminuer leurs conséquences environnementales : acheter sa bière et ses eaux gazeuses en bouteilles retournables plutôt qu'en canettes, composter ses déchets organiques et disposer de ses ordures non recyclables dans des poubelles au lieu d'employer des sacs de plastique, apporter son filet ou un sac quand on va faire ses emplettes, etc. Chacun devrait tenter de développer sa « conscience écologique », c'est-à-dire comprendre

11. *Op. cit.*, p. 151.

qu'il est partie intégrante de l'environnement et que tous ses gestes ont des effets réels sur lui, qui peuvent être soit positifs soit négatifs.

Dans les milieux environnementalistes, qui sont très conscients des conséquences désastreuses d'une consommation débridée, on propose de plus en plus le modèle des « consommateurs verts » — ces personnes qui se préoccupent des conséquences de leur consommation tant en amont (pendant la production) qu'en aval, pendant et après usage des biens ; un tel esprit critique amène la plupart du temps une modération dans la consommation. Mais la consommation étant ce qu'elle est — « action de faire des choses un usage qui les détruit ou les rend ensuite inutilisables », dit *Le Petit Robert*, il me semble qu'il faudrait aller plus loin. Pourquoi ne pas devenir des « conservateurs », ces « personnes préposées à la garde de quelque chose » ? Bien sûr, le mot est galvaudé à cause de son sens politique, mais pas la fonction. Nous avons aujourd'hui plus que jamais besoin de gardiens de la Terre, qui se préoccupent de son avenir si incertain et qui intègrent à leur comportement quotidien le respect de tout ce qui existe — l'humain, l'animal, le végétal et le minéral.

Conserver est l'antithèse de consommer ; dans cet esprit, tous les efforts tendent à ne pas consommer et donc à ne pas détruire ou à retarder cette destruction le plus possible. Mais la vie étant ce qu'elle est, on ne peut éviter totalement la consommation. L'objectif est alors d'empêcher que sa façon de consommer ait des conséquences négatives, ce qui est possible. Dans un livre récent, Ernst von Weizsacker, Amory B. Lovins et L. Hunter Lovins montrent comment on pourrait produire deux fois plus avec la moitié des ressources qu'on utilise actuellement [12].

Adopter une attitude de conservation signifie qu'on devient responsable, d'une certaine façon, de toute la planète, car chacun de ses gestes, quand on y réfléchit, a des répercussions partout ailleurs, des gestes qui, pris isolément, sont insignifiants ; mais la somme de millions d'entre eux produit des effets importants. La tentation est grande d'ignorer les conséquences de ses gestes en les isolant de ceux des autres ; et comme la plupart des gens agissent ainsi, on arrive aux situations de crise qu'on connaît aujourd'hui.

Il faut donc commencer quelque part, sans attendre que tous soient convaincus du bien-fondé d'agir de façon responsable. D'ailleurs, nombre de témoignages montrent qu'une attitude de retrait par rapport à la consommation bénéficie aussi directement à la personne qui s'engage dans cette voie.

Le premier pas à faire consiste sans doute à se situer par rapport à la consommation, à prendre conscience de ce qu'elle représente pour soi, c'est-à-dire procéder à une analyse sérieuse de l'ensemble des gestes apparemment isolés quotidiens — pour s'alimenter, se vêtir, se loger, s'adonner à des loisirs... — afin de voir si on se comporte généralement rationnellement — en répondant uniquement à ses réels besoins —, et moralement — en tenant compte des autres et de l'environnement.

---

12. *Facteur 4. Deux fois plus de bien-être en consommant deux fois moins de ressources,* Terre Vivante, Mens, 1997.

Cela ne signifie pas s'enfermer dans un carcan. Donner dans l'abnégation, renoncer aux biens, ne peut être une fin en soi ; car aller trop rigidement dans cette direction amène à une attitude négative : ne pas jouir de... Si la non-jouissance de quelque chose a une utilité, si elle permet mieux, alors d'accord. La difficulté est certainement d'établir un équilibre ; jusqu'où aller dans la renonciation, à quel moment, pour quel motif, le moyen tient-il lieu de fin ? Car la renonciation peut mener à l'héroïsme ; et à un moment donné, être héroïque pour la gloire devient plus important que la cause que l'on veut soutenir.

Il me semble que le concept de modération devrait constituer le fondement éthique de la consommation. Chacun a des besoins qu'il lui faut satisfaire pour atteindre un certain degré de confort lui permettant de bien fonctionner ; quand on parvient à ce niveau et qu'on prend conscience que continuer à consommer n'apporterait pas d'avantages supplémentaires, on a atteint la satiété. Gandhi disait que chacun a droit à la satisfaction de ses besoins essentiels et que la règle d'or consiste à refuser d'avoir ce que des millions d'êtres humains ne peuvent obtenir ; j'ajouterais qu'on peut faire encore davantage en travaillant activement à ce que tous puissent satisfaire leurs besoins essentiels.

Quels sont les besoins qui méritent satisfaction ? C'est à chacun de les définir. Bien sûr, tout être humain requiert un minimum vital du point de vue de l'alimentation, du logement et du vêtement ; mais ce minimum peut être satisfait de diverses façons ; il n'est pas nécessaire que chacun mange cent grammes de viande par jour pour combler ses besoins en protéines, ni qu'il dispose toujours de quatre mètres carrés d'abri couvert pour se sentir bien logé. Quant aux besoins émotifs, psychologiques et sociaux, ils diffèrent encore plus d'une personne à l'autre. Déterminer la part exacte revenant à chacun imposerait les valeurs d'une minorité à l'ensemble et nous conduirait à une sorte de technicofascisme. L'important pour chacun est de devenir conscient de son mode de consommation et de le soumettre à un jugement éthique. Quand on réussit à faire cela, on s'écarte du courant qui emporte notre société et qui entraîne les gens à une consommation compulsive et insatiable. Et on se libère.

Voici quelques questions qu'on pourrait se poser avant d'acheter quoi que ce soit :

– Ai-je réellement besoin de ce qui m'est proposé et me paraît si séduisant ?

– Qu'est-ce que cet objet me permettra de faire que je ne peux actuellement ?

– Est-ce que l'avantage du moment que représente cet achat ne sera pas annulé par un effet négatif plus tard, par exemple, les efforts que je m'épargne ne contribueront-ils pas à me rendre encore plus sédentaire et ne m'empêcheront-ils pas d'accomplir une activité physique salutaire ?

On doit essayer de consommer de façon aussi logique que possible : en en minimisant les conséquences négatives et en tentant de multiplier ses effets positifs. En effet, certaines automobiles consomment plus d'essence que d'autres, certains meubles sont fabriqués de bois tropicaux rares, tous les poëles à bois ne brûlent pas aussi bien leurs gaz toxiques ; en fait, tous les produits n'ont pas les mêmes effets sur l'environnement. Il vaut donc la peine de se renseigner pour se procurer les biens qui sont le moins dommageables. L'intérêt des consommateurs pour cette problématique provoque une évolution très rapide du marché, qui amène l'apparition d'une pléthore de produits « verts » ; dans certains cas, il s'agit de véritables progrès, mais dans beaucoup d'autres, cette appellation n'est que récupération. Un produit peut être moins nocif qu'un autre, mais il est encore nocif !

Donc, si nous décidons qu'acquérir l'objet convoité présente des avantages certains, une autre série d'interrogations s'impose :

– Les matériaux utilisés sont-ils biodégradables ? Cela s'applique surtout aux objets à usage limité et qui doivent être jetés rapidement.

– Les matériaux proviennent-ils de ressources renouvelables ? Le pétrole, par exemple, ne l'est pas.

– La disponibilité de ce produit, ici et aujourd'hui, exige-t-elle un long transport ? Les fraises qu'on nous offre en hiver et qui viennent du Mexique ainsi que tellement d'autres aliments qu'on déplace d'un bout à l'autre du monde contribuent, par les moyens de transport (camions, avions et bateau), à augmenter la pollution de l'air, sans compter la perte de nutriments dans ces aliments qui résulte d'une récolte précoce et l'ajout d'additifs pour les conserver.

– L'usage de ce produit aura-t-il des conséquences néfastes sur l'environnement ? Les services d'entretien de pelouses qui pulvérisent des produits chimiques à la tonne ne détruisent pas que les pissenlits... Ces substances se répandent dans l'air et atteignent les poumons ; elles se diluent aussi dans l'eau et se retrouvent bientôt, par les égouts de surface, dans les cours d'eau... puis dans notre robinet ! Qu'arrive-t-il de cet excellent détergent une fois qu'il a blanchi mon linge ?

– L'objet que je veux acheter est-il conçu pour durer et peut-il être réparé ou faudra-il en acheter un nouveau dans quelques années pour le remplacer ?

Les biens qu'on achète sont fabriqués et vendus par des entreprises qui sont aussi des acteurs sociaux. Il faut savoir qui on encourage quand on se procure tel produit : une entreprise antisyndicale, une multinationale qui siphonne le tiers monde, la filiale d'un groupe qui fabrique ailleurs des armes ? Il existe des livres qui recensent les entreprises « correctes » quant au traitement de leurs employés, leur souci environnemental, leur engagement communautaire, etc.[13].

Avec l'Accord de libre-échange nord-américain (Aléna) et la mondialisation des marchés, il devient de plus en plus difficile de savoir exactement ce que nous achetons : d'où vient le produit, dans quelles conditions a-t-il été fabriqué, à quel coût environnemental, etc. Les économistes refusent d'admettre des évidences : la mondialisation des marchés, qui permet d'offrir aux

13. Notamment *The Ethical Shopper's Guide to Canadian Supermarket Products*, qu'on peut se procurer au prix de 14,95 $ en écrivant à Broadview Press, P.O. Box 1243, Peterborough, Ontario, K9J 7H5.

consommateurs des pays industrialisés des marchandises moins cher que s'ils avaient été fabriqués localement, entraîne d'énormes coûts sociaux et environnementaux. Socialement, les emplois d'ici sont détruits et recréés ailleurs, mais dans des conditions d'exploitation souvent indicibles. Marcia Nozick décrit bien les conséquences de cette tendance pour le tiers monde :

> La mondialisation du commerce a entraîné un accroissement de la pauvreté pour la majorité des habitants du tiers monde. L'Unicef (Fonds des Nations Unies pour l'enfance) rapporte que « pour presque 900 millions d'individus [...] la marche du progrès humain s'est transformée en régression [...] dans la pauvreté. » Dans la majeure partie de l'Afrique et de l'Amérique latine, le revenu moyen a diminué de 10 % à 25 % au cours de la décennie 1980, et on y a constaté un recul frappant dans les domaines de l'éducation et de la santé[14].

De plus, sur le plan environnemental, déjà, le fait de transporter autant de marchandises sur de grandes distances augmente considérablement la pollution et le gaspillage d'énergie ; et la production dans des pays aux lois environnementales inexistantes ou très peu sévères continue à ruiner rapidement la planète. L'économisme — cette priorité, pour ne pas dire cette idolâtrie de la croissance économique à tout prix — nous mène directement à des déséquilibres politiques, sociaux et environnementaux désastreux. Il serait grand temps d'y réfléchir et de donner à l'éthique la place

---

14. Marcia Nozick, *Entre nous — Rebâtir nos communautés*, Éditions Écosociété, Montréal, 1995, p. 40.

qui lui revient dans toute entreprise humaine[15]. Déjà, en s'efforçant d'acheter localement des produits locaux, on multiplie les retombées positives pour la communauté ; et faire affaire, quand elles existent, avec des coopératives contribue à renforcer un type d'entreprise qui a plus de chances d'avoir une meilleure vision sociale.

Toutes les mesures qui peuvent amener une baisse de la consommation sont autant d'actions positives. Prolonger la vie des objets en est une, qui pourrait aussi avoir des répercussions socio-économiques intéressantes. Lorsqu'on fait réparer ses souliers au lieu de les jeter, on encourage la renaissance de la cordonnerie. Quand on recourt aux services de la couturière ou du tailleur pour ajuster des vêtements qui ne font plus, quand on fait réparer ses petits appareils électroménagers, quand on fait durer son auto... Une autre façon d'allonger la vie de certains objets et en même temps de diminuer les effets négatifs de la consommation consiste à les utiliser le moins souvent possible, quand on les possède. Ce n'est pas parce que l'auto est à la porte qu'il faille nécessairement l'employer pour toutes ses sorties.

Beaucoup d'objets et surtout d'appareils à usage peu fréquent pourraient être achetés en groupe — voisins, parents ou amis ; chacun les utilise alors à tour de rôle et partage avec les autres leur entretien. Comme il est peinant de voir, dans les banlieues, des séries de

---

15. À souligner dans cette optique la publication en 1994 du livre *Justice sans faim — Le guide montréalais des choix alimentaires écologiques et socialement responsables,* par le Grip Québec.

maisons avec chacune sa piscine, sa tondeuse à moteur, sa souffleuse à neige, etc. ; déjà, on peut se poser des questions sur la pertinence de chacun de ces objets, mais combien plus encore sur le fait de leur propriété individuelle. Bien sûr, il est plus facile de disposer chez soi de l'instrument dont on peut avoir besoin et de pouvoir l'utiliser exactement au moment désiré ; il est aussi vrai que dans un groupe, il s'en trouve toujours un qui aurait tendance à se laisser porter par les autres et qui entretient moins bien l'appareil ou l'outil ; mais il n'y a là aucun obstacle infranchissable ni aucune situation pour laquelle on ne puisse trouver de solution, quand on se parle et on s'entend à l'avance.

Une fois qu'on a acquis un objet, il devient important d'en prolonger et d'en augmenter le plus possible la vie utile. Un bon entretien et des réparations adéquates le permettent, tandis que le prêt, l'échange, la vente après usage le rendent par la suite disponible à d'autres personnes ; même quand un objet est définitivement brisé ou trop usé pour être réparé, il est souvent possible de le recycler en le démontant et en utilisant ses composantes à d'autres fins. Il suffit de circuler dans les rues le jour de la collecte des ordures pour constater le gaspillage absolument scandaleux de beaucoup de gens qui jettent bon nombre d'objets encore en excellent état — même parfois neufs ! J'ai un bon ami qui se meuble fort convenablement à même les rebuts, et il n'est pas le seul ; par malheur, beaucoup d'objets échappent aux récupérateurs d'occasion et aboutissent au dépotoir ou à l'incinérateur.

Pour se déplacer et pour accomplir ses tâches, on fait de plus en plus appel à une énergie qui provient principalement du pétrole et de ses dérivés, du charbon, de l'électricité et du nucléaire. Les énergies solaire et éolienne ne comptent actuellement pour pratiquement rien dans le bilan énergétique global. Comme toute transformation d'énergie produit des effets sur l'environnement, il faudrait tenter, dans un premier temps, d'en diminuer sa consommation. L'augmentation des coûts du pétrole nous a forcés, depuis quelques années, à faire preuve d'imagination et à trouver des moyens de réduire son utilisation ; l'isolation des habitations et l'augmentation de l'efficacité des moteurs en particulier ont beaucoup contribué à stopper la progression de l'utilisation des hydrocarbures. Nous pourrions aussi choisir, pour nous déplacer, des moyens qui sont moins énergivores, comme le transport en commun, le covoiturage et la bicyclette. Nous pourrions chauffer moins nos maisons et nous habiller plus chaudement. Nous pourrions, dans un deuxième temps, tenter d'opter pour l'énergie qui a le moins d'effets négatifs sur l'environnement et qui est la plus renouvelable, comme la technologie solaire qui se développe rapidement et permet des usages intéressants, dans nos maisons.

Chaque personne peut donc tenter, dans son comportement, d'établir le rapport le plus respectueux possible avec la nature et l'environnement. De la somme des efforts individuels découleront déjà des effets non négligeables, mais tout cela risque d'être trop peu et trop tard, si des actions collectives d'envergure ne sont pas entreprises au plus tôt.

Collectivement, nous avons encore beaucoup de chemin à parcourir pour devenir une société de conservation. La population est certainement plus avancée que ses dirigeants, dans sa volonté de mettre en place des mesures concrètes qui ménagent l'environnement; son opposition à l'enfouissement ou à l'incinération des déchets se généralise et le recyclage suscite un intérêt croissant[16]. De plus en plus de gens déplorent l'emballage excessif des produits de consommation courante. L'engagement dans ce sens des groupes et des municipalités a un effet de sensibilisation important et permet souvent de fournir les infrastructures nécessaires à la réalisation de projets significatifs. L'instauration de la collecte sélective des ordures, l'établissement de centres de récupération, l'organisation de corvées pour nettoyer un lac ou une rivière, le reboisement de vastes secteurs de territoire sont toutes des actions déjà menées avec succès et que d'autres pourraient imiter sinon à la lettre, du moins dans le même esprit. Les friperies et les magasins de livres et de disques d'occasion se multiplient. C'est un début. Il faudrait aller plus loin et mettre sur pied un réseau complet de « ressourceries » (voir le chapitre XII), multiplier les bibliothèques, les joujouthèques et autres structures de prêts collectifs. Il faudrait favoriser le développement des petits commerces locaux. Tout cela rendrait nos villages et nos quartiers plus conviviaux.

---

16. Voir à ce propos le livre de Michel Séguin *Le scandale des déchets au Québec*, Éditions Écosociété, Montréal, 1994.

Les gouvernements, grâce à leur pouvoir législatif et par leur rôle d'entrepreneurs importants, ont une responsabilité de premier plan dans les efforts à fournir pour préserver l'environnement ; ils s'en acquitteront de façon satisfaisante si nous les y forçons, car leur attitude actuelle démontre bien que cette préoccupation en est une de second ordre pour eux, qui vient loin derrière la relance de l'économie. Quand les gouvernements ont à choisir entre la création d'un certain nombre d'emplois et une réglementation qui protégerait l'environnement, ils n'hésitent pas longtemps ; c'est d'ailleurs pourquoi tellement de réglementations destinées à forcer les industries à diminuer leurs émissions dangereuses sont constamment reportées ou adoucies...

L'action gouvernementale devrait s'orienter vers trois objectifs : stopper les causes de détérioration de l'environnement, réparer les blessures qui lui ont déjà été infligées et tenter de prévoir et d'éviter les situations qui pourraient constituer une menace écologique.

On connaît déjà de nombreuses sources de pollution de l'environnement, industrielle, agricole et domestique ; dans la plupart des cas, il serait possible, techniquement, de procéder autrement afin d'arrêter leur pollution. Les objections viennent des coûts que cela entraînerait ; la preuve est cependant faite depuis longtemps que la pollution elle-même engendre déjà des coûts importants (humains et économiques), surtout à longue échéance, quand il devient nécessaire d'en réparer les conséquences ; ce sont alors d'autres générations que celles qui sont responsables des dommages qui ont à payer... Parfois, il n'y a pas d'autre choix que d'abandonner certains procédés de production ; même si cela peut être relativement coûteux dans l'immédiat, ce serait certainement plus acceptable que de continuer à accumuler des déchets toxiques dont nous ne savons comment disposer, en espérant trouver un jour une solution ; car en attendant, on profite de la cupidité de certains dirigeants du tiers monde qui acceptent que leur pays serve de dépotoir, on ferme les yeux sur les déversements en mer, on laisse enfouir des substances qui, quelques années plus tard, remontent en surface ou contaminent la nappe phréatique...

La prévention implique la planification. Certains des problèmes actuels nous viennent d'une mauvaise répartition population-activités sur le territoire. Si les porcheries n'étaient pas concentrées dans quelques régions, il n'y aurait pas de problèmes pour disposer écologiquement du lisier de porc. Si les villes n'avaient pas été développées en fonction de l'automobile, les transports en commun seraient plus faciles à améliorer et les déplacements à pied ou à bicyclette s'y intégreraient mieux. L'urbanisme devrait inclure l'environnement dans ses préoccupations. L'exemple de la ville de Davis, en Californie, vaut d'être signalé.

Nombreux sont ceux qui considèrent cette ville comme un modèle de développement urbain écologique. À partir d'un programme intégré de conservation de l'énergie qu'elle a entrepris en 1973, Davis a réduit sa consommation totale d'énergie de 50 %. Le programme visait à diminuer la consommation d'énergie consacrée au chauffage et au refroidissement des édifices, au transport et au fonctionnement des appareils domestiques. Les actions suivantes furent entreprises pour atteindre ces buts :

1 – l'élaboration et la mise en vigueur d'un code de conservation de l'énergie dans la construction ;

2 – la planification en vue de la conservation d'énergie ;

3 – la réalisation de prototypes de maisons à bas prix chauffées et refroidies à l'énergie solaire ;

4 – l'éducation à la conservation d'énergie.

Le succès de ce programme se voit maintenant tout autour de cette ville. Pour se conformer au code de construction, les constructeurs doivent suivre des spécifications fort détaillées qui comprennent jusqu'à la grandeur des fenêtres et leur orientation par rapport au soleil ; les constructeurs qui veulent innover peuvent le faire en utilisant leurs propres techniques, en autant qu'elles répondent aux normes minimales. Le Conseil municipal détermine chaque année le nombre de maisons qui peuvent être construites ; les entrepreneurs doivent présenter des plans avant d'obtenir l'octroi d'une partie des lots sur lesquels les maisons pourront être construites. L'orientation nord-sud de la majorité des lots ainsi que la planification de pistes cyclables sont deux critères importants à partir desquels on juge et accepte les plans.

Par suite du laisser-faire qui a caractérisé notre attitude à l'égard de l'environnement, celui-ci a déjà subi beaucoup de dommages. Nous devons maintenant les réparer, car il arrive souvent que les blessures que nous lui avons infligées diminuent considérablement sa capacité de résister à de nouvelles agressions, même si ces dernières sont moins importantes. Ainsi, les terres déboisées absorbent beaucoup moins l'eau des pluies, laquelle délave la terre de son humus, aggrave l'érosion, ce qui diminue encore plus la capacité de rétention d'eau des sols et augmente le risque d'inondation.

Par les travaux publics et par divers moyens incitatifs, les gouvernements peuvent entreprendre diverses tâches pour réparer l'environnement. Ce serait d'ailleurs là un vaste domaine où créer des emplois valorisants, utiles et permettant à ceux qui les occupent d'être en contact avec la nature (même amochée!). Il y a aussi tout le secteur de la recherche qui pourrait se développer plus rapidement. Partout dans le monde, la crise énergétique suscite un intérêt croissant pour les technologies fondées sur les ressources renouvelables ; il y a encore beaucoup de place pour progresser dans ce domaine, et des investissements judicieux dans ce secteur pourraient permettre de mettre au point des produits exportables. Déjà en 1990, plus de 15 000 personnes travaillaient dans le seul secteur de la protection de l'environnement. La recherche de meilleurs moyens d'utiliser notre immense territoire pourrait aussi contribuer à faire travailler beaucoup de gens, dans la sylviculture ou la pisciculture, par exemple ; on sait déjà que ce dernier secteur peut être fort rentable, comparé à l'élevage du bœuf ou même du poulet, puisque le rendement de certains types de poissons est de 1 kilo de chair pour chaque 1,75 kilo d'aliments, alors que pour le poulet le rapport est de 1 pour 2 et pour le bœuf 1 pour 8.

À cause de notre potentiel hydroélectrique, nous avons pu, à ce jour, produire de l'électricité à un coût relativement bas. Mais cette situation ne peut durer indéfiniment : d'une part, comme nous l'a montré la catastrophe du Saguenay, en 1996, l'aménagement hydroélectrique des rivières et des lacs peut avoir des conséquences dramatiques à l'occasion ; et d'autre part, la création d'immenses réservoirs d'eau pourrait en avoir d'autres à longue échéance, notamment en provoquant des changements climatiques. Ce n'est d'ailleurs que relativement récemment qu'on a entrepris des études d'impact des barrages proposés, et ces études montrent que ces travaux continuent d'avoir des conséquences graves ; mais elles ne mettent jamais tout en évidence — souffrances des Autochtones qui perdent les moyens de poursuivre leur mode de vie traditionnel, modification des paysages, etc. Il faut dès aujourd'hui cesser de continuer à vouloir augmenter notre production hydroélectrique ; on y parviendra en développant des ressources alternatives et surtout en utilisant tous les moyens possibles pour économiser l'énergie. Une diminution de la dépendance énergétique oblige à recourir à plus de main-d'œuvre, ce qui constitue un avantage important alors que le taux de chômage est très élevé.

Devant l'éventualité de voir s'épuiser certaines ressources énergétiques, il y a encore des gens pour mettre leurs espoirs dans une plus grande utilisation de l'énergie atomique. Il existe déjà dans le monde de nombreuses centrales nucléaires et on en construit d'autres ; le Canada est d'ailleurs, par son agence

Énergie atomique du Canada Ltée, l'un des principaux propagandistes de cette technologie ; c'est aussi le plus important exportateur d'uranium au monde. Il s'agit là d'une aberration : nous ne savons pas encore comment manipuler l'atome en toute sécurité, nous ne connaissons pas les moyens de stocker de façon sécuritaire les déchets nucléaires (« le Canada est, après les États-Unis, le pays qui a accumulé la plus grande quantité de déchets nucléaires sur son territoire [17] ») et nous ignorons même comment démanteler une usine nucléaire ; par contre, nous devrions savoir que nous ne sommes pas à l'abri d'une catastrophe, puisque des difficultés de fonctionnement surviennent régulièrement dans les diverses centrales en opération. Il y a eu Tchernobyl, et, plus près de nous, Three Miles Island aux États-Unis, en 1979 ; en fait, comme l'a révélé une étude américaine publiée en 1989, pour une période de 10 ans, on a répertorié 33 000 incidents plus ou moins graves, dans les centrales nucléaires américaines [18].

Le soutien renouvelé au nucléaire de nos gouvernements est une attitude incompréhensible ; car la population s'oppose de plus en plus massivement à cette technologie, ce qui s'explique quand on considère les dangers qu'elle représente. Mais il y a plus : « "Le nucléaire est le plus grand désastre de l'histoire industrielle des É.-U.", selon la revue économique *Forbes*. Il aura

---

17. Le *Worldwatch Institute*, cité dans *La Presse* du 14 décembre 1991.

18. Cette information vient de *Contretemps*, automne 1990.

laissé un déficit de 250 milliards de dollars, soit l'équivalent des coûts additionnés de la guerre du Vietnam et du programme spatial américain [19]. »

On ne peut parler du nucléaire sans songer à la guerre et aux conséquences pour le monde de l'utilisation des armes atomiques. La diffusion de la technologie nucléaire à des fins civiles ne peut qu'augmenter les possibilités de guerre nucléaire; plus d'États sont maintenant capables de fabriquer des armes nucléaires, ce qui fait que les risques qu'un chef d'État trouve un jour une justification pour les utiliser augmentent constamment. Les divers arsenaux du monde ont en stock l'équivalent de 50 tonnes de dynamite pour chaque homme, femme et enfant de la Terre. Malgré la fin de la guerre froide et les soi-disant traités sur la réduction de l'armement, il reste encore 50 000 engins nucléaires déployés ou entreposés; comme le note l'*Association canadienne des médecins pour la prévention de la guerre nucléaire,* dans un de ses dépliants, « même quand, en 2003, on aura effectué les réductions prévues par START II, il restera toujours dans les arsenaux des États-Unis et de la Russie un pouvoir de destruction supérieur à celui de 300 000 bombes de la puissance de celle d'Hiroshima ». Ce sont des ordinateurs qui contrôlent les engins nucléaires déployés, et là comme ailleurs, les erreurs sont possibles; dans les dernières années, il y a eu de nombreuses fausses alertes qui ont failli amener le lancement d'engins nucléaires. Comme l'a déclaré un militaire américain, le général

19. *Bulletin d'information du Centre de ressources sur la non-violence,* automne 1995.

Omar N. Bradley, « nous nous acheminons inexorablement vers le jour où même l'ingéniosité de nos savants pourrait être incapable de nous sauver des conséquences d'une simple réaction de colère ou du geste insouciant de quelqu'un qui déclenchera le lancement d'un missile non interceptable ».

Il faudrait au plus tôt arrêter la prolifération nucléaire, autant dans le secteur civil que militaire, car tous deux présentent des dangers ; et s'il n'y avait pas de centrales nucléaires civiles, il serait beaucoup plus difficile à certains pays de se procurer les substances radioactives nécessaires à la fabrication des armes atomiques. Dans un deuxième temps, il s'agirait de réduire puis de détruire complètement les stocks nucléaires actuels. Par la suite, il faudrait travailler à réduire les autres types d'armes. Mais tout cela ne sera possible que si l'on se préoccupe de trouver des moyens de faire progresser la paix dans le monde. Car il ne faut pas se leurrer : même si les grandes puissances arrivaient à s'entendre pour détruire complètement leur arsenal nucléaire, d'une part les autres pays pourraient encore utiliser des armes nucléaires, et d'autre part, la recherche se poursuit pour développer d'autres armes extrêmement meurtrières. Comme l'a écrit Einstein, « [...] aussi longtemps que les nations ne sont pas résolues à supprimer la guerre par des actions communes et à résoudre leurs conflits par des décisions pacifiques et à protéger leurs intérêts sur la base légale, elles se voient obligées de se préparer à la guerre. Elles se voient alors forcées de préparer les moyens les plus détestables, pour ne pas être distancées dans la course générale aux armements[20]. »

Nous devons tout mettre en œuvre pour faire cesser la course à l'armement. Une action à notre portée et qui aurait une grande valeur exemplaire pour le monde entier consisterait à amener le gouvernement du Québec à affirmer son intention de remplacer, dans un Québec indépendant, la défense armée par une défense civile non violente à laquelle participerait l'ensemble de la population[21]. La tâche n'est certes pas facile. Industries et gouvernements agitent le spectre du chômage pour maintenir la production d'armes ; mais si nous en avions la volonté collective, nous pourrions procéder à une conversion des usines d'armement à des fins pacifiques. Par exemple, un groupe de travail s'est penché sur le cas de la compagnie Litton, qui fabrique en Ontario une partie du missile de croisière, et a montré qu'on pourrait utiliser la technologie d'avant-garde de ce missile pour mettre au point des systèmes automatiques de prévention des accidents d'automobile ainsi que pour produire des systèmes d'assistance aux personnes handicapées de la vue. Il faut aussi savoir qu'un dollar investi dans le secteur militaire crée moins d'emplois que lorsqu'il est investi ailleurs.

---

20. Albert Einstein, *Comment je vois le monde,* Flammarion, Paris, 1958, p.59.

21. Le *Centre de ressources sur la non-violence* et le mouvement *Nos impôts pour la paix* ont entrepris une campagne dans ce sens (420 est St-Paul, 2e étage, Montréal, H2Y 1H4 ; 514-844-0484).

Chapitre XI

Le travail : plus qu'un salaire

DANS NOS SOCIÉTÉS modernes, le salaire a pris une immense importance. Même si leur nombre croît constamment, les gens qui ont un statut de travailleurs autonomes ou tirent leurs revenus d'autres sources que d'un emploi salarié sont encore minoritaires, si on exclut évidemment les chômeurs et les assistés sociaux. Mais ce dernier groupe est considéré comme étant dans un état transitoire qui serait le résultat d'un accident de parcours, même si on y retrouve des centaines de milliers de personnes qui y demeurent pendant des périodes souvent fort longues, quand ce n'est pas à vie ! Comme la plupart des gens vivent en ville, ils ont fort peu, sinon aucune, possibilité de se livrer à des activités d'autosuffisance pour assurer une partie de leur subsistance. Les prestations sociales ne fournissent pas suffisamment d'argent pour satisfaire tous les besoins, certainement pas assez en tout cas pour se sentir pleinement intégré à une société dont la consommation constitue le fondement. En somme, pour la plupart des gens, le salaire le plus élevé possible est devenu le but de leur vie, leur motivation principale dans le choix d'un travail, qui devrait leur donner accès à la consommation et à la « vraie vie » ; même s'il ne reste plus de temps ou d'énergie pour en jouir, même si on y laisse sa santé, même si on y perd sa dignité.

Le capitalisme s'est construit sur l'éthique du travail ; les gens devaient travailler beaucoup pour arriver à accumuler de plus en plus de biens. Mais comme l'observent Kimon Valaskakis et les autres chercheurs de son groupe, il s'est effectué un glissement des valeurs : « L'éthique ancienne prescrivait aux citoyens de travailler dur et d'*une façon productive.* La version contemporaine enjoint à la société de trouver *un emploi* à chacun, sans se préoccuper de savoir s'il est productif ou non. Comme résultat, nous tendons à créer des emplois plutôt que de voir à ce que l'ouvrage soit fait... [1] »

La première valeur sociale aujourd'hui est donc le travail ; même si ce qui est fait est inutile ou nocif, même s'il s'agit d'une tâche absolument pas adaptée à la personne qui l'accomplit. Dans la société capitaliste, on se préoccupe le plus souvent d'augmenter la production sans se demander si elle contribuera à donner aux gens « une existence décente », raison d'être fondamentale de tout travail, d'après Schumacher. Malgré l'existence de lois de protection des travailleurs soi-disant progressistes, on sacrifie à la rentabilité, à la

---

1. Kimon Valaskakis, Peter S. Sindell, J. Graham Smith et Iris Fitzpatrick-Martin, *The Conserver Society,* Harper-Colophon Books, New York, 1979, p. 29.

productivité et au profit la vie d'un bon nombre d'entre eux. Dans les pays industrialisés, les gens meurent moins souvent qu'avant des conséquences directes de leur emploi — les syndicats ont de ce côté accompli un boulot appréciable — mais ils se vident à la tâche et s'usent inexorablement ; il leur reste si peu d'énergie que l'attrait pour la consommation — sport-spectacle, alcool, télévision abrutissante — devient irrésistible. Et la vie s'écoule ainsi ; année après année, on réduit ses aspirations profondes ; de toute façon, les possibilités physiques et intellectuelles sont restreintes.

On consacre à son travail une bonne partie de sa vie adulte et, pendant ces années, les heures où l'on dispose du maximum d'énergie et d'efficacité ; s'il ne fournit pas les conditions pour épanouir toutes ses facultés, dans la plupart des cas il ne reste plus ni temps ni énergie pour se livrer à d'autres activités qui pourraient le permettre.

Pour satisfaire les besoins fondamentaux des êtres humains, le travail devrait répondre, me semble-t-il, aux trois critères suivants :

1 – être utile à la société ;
2 – contribuer à l'épanouissement individuel ;
3 – s'intégrer harmonieusement à l'écosystème.

L'utilité pour la société

Chaque personne a besoin de sentir qu'elle apporte sa contribution à la communauté et que, d'une certaine façon, elle y a une importance, que les autres comptent sur elle. La satisfaction du travail accompli ne vient pas de ce que la tâche est terminée, mais de la sensation d'avoir fait une action valable. La conviction profonde de son inutilité détruit l'être humain. La production de biens ou de services inutiles dévalorise la personne qui en est chargée. « La seule manière significative de vivre est d'être actif dans le monde ; il s'agit non pas de l'activité en général ; mais de l'activité qui permet de donner et de se soucier de ses semblables », écrit Éric Fromm[2].

Les conditions d'épanouissement

Tout travail requiert de l'énergie. S'il est adapté à la personnalité du travailleur, il ne devrait exiger de sa part qu'une énergie renouvelable ; en conséquence, jamais un travail ne devrait épuiser qui que ce soit. Certes la personne sera fatiguée après l'avoir terminé, mais après quelques heures d'arrêt, elle devrait avoir pu récupérer la totalité de sa vigueur et de ses capacités physiques et intellectuelles. Beaucoup de gens les voient pourtant diminuer progressivement avec les années ; on attribue ce phénomène à l'âge, alors qu'on sait aujourd'hui que le vieillissement en lui-même n'entraîne pas de diminution notable des capacités, mais uniquement, et tard dans la vie, un ralentissement dans la vitesse d'exécution. De nombreuses personnes atteintes d'invalidité partielle ou totale à un âge plus ou moins avancé sont tout simplement *usées* ; elles ont puisé dans leur capital d'énergie vitale trop ou plus rapidement qu'elles n'étaient en mesure de le restaurer et elles en ont été de plus en plus lourdement hypothéquées.

---

2. *Op. cit.*, p. 188.

Au lieu de diminuer son énergie, le travail devrait permettre de développer ses possibilités et de les mettre en valeur. Chacun aspire à créer quelque chose et chacun peut effectivement apporter une contribution originale et laisser sa marque. On sort grandi d'un travail réussi.

Nous avons probablement besoin, pour nous épanouir pleinement, de travailler de nos mains, de façonner et de transformer des matériaux, d'être en contact avec la matière. Schumacher émet l'hypothèse qu'« une grande partie de la névrose moderne découle peut-être de cela même ; car l'être humain, défini par saint Thomas d'Aquin comme un être doué d'un cerveau et de mains, n'apprécie rien davantage que de s'adonner à un travail créateur, utile, productif, qui exige à la fois la contribution de ses mains et celle de son cerveau [3]. » Il poursuit en disant qu'aujourd'hui, une personne doit être riche pour être capable de se donner les conditions — l'espace, le temps, les outils, la formation — pour ainsi créer, car les emplois qui offrent une telle occasion sont très rares.

La créativité et l'apport personnel de chacun ne s'expriment pas que dans l'exécution de la tâche, mais aussi dans l'organisation du lieu et des structures de travail. Il est bien évident que des organisations qui regroupent des centaines et même des milliers de personnes requièrent une structure fortement hiérarchisée ; c'est certainement un type d'organisation à éviter, au profit de structures plus décentralisées et dont

3. *Op. cit.*, p. 156.

la plus petite taille permet une meilleure participation des travailleurs et une meilleure intégration à l'équipe.

Cependant, quoi qu'on fasse pour « enrichir » les tâches, augmenter la participation, agrémenter les lieux de travail, etc., il reste que, à une époque où règnent l'automatisation et l'informatisation, bon nombre de tâches ne permettront jamais aux personnes qui les exécutent de mettre en valeur toutes leurs capacités. Ainsi, même si l'artisanat se développait considérablement et que les tisserands fabriquaient manuellement une partie des tissus nécessaires à la confection des vêtements, il faudrait continuer à utiliser des métiers automatiques et les surveiller. Nous devons reconnaître, avec André Gorz, qu'une sphère de travail hétéronome sera toujours nécessaire, pour assurer « la production programmée, planifiée, de tout ce qui est nécessaire à la vie des individus et au fonctionnement de la société, le plus efficacement et donc avec la moindre consommation d'efforts et de ressources[4] ». Gorz distingue ce travail hétéronome, qui doit être organisé à l'échelle sociale, du travail autonome autogéré et non marchand (qui n'est pas fait en échange d'un salaire) ; tout en reconnaissant la nécessité du premier, il démontre qu'on peut le réduire énormément et le partager, de telle sorte que chaque individu n'y passe qu'un minimum de temps. Socialement, nous pourrions arriver à produire tout ce dont nous avons besoin avec, pour chacun, une vingtaine d'heures de

---

4. André Gorz, *Adieux au prolétariat,* Éditions Galilée, Paris, 1980, p. 145.

travail par semaine, en moyenne. On pourrait développer diverses formules de temps de travail pour répondre aux besoins de la production et en même temps aux aspirations des individus, comme la demi-journée, l'emploi partagé, les vacances allongées, la retraite anticipée, etc.

L'intégration harmonieuse à l'écosystème

Un travail épanouissant ne devrait pas être destructeur de l'environnement, car c'est la même personne qui travaille à un endroit et qui y vit. Les activités productives humaines affectent l'air respiré en ville, l'eau de l'aqueduc ou des lacs et des rivières, la végétation et d'autres éléments du milieu et réciproquement, ces éléments exercent une influence sur la santé des individus.

La plupart des emplois actuels ne satisfont pas aux trois critères qui permettraient de répondre aux besoins profonds des êtres humains. Il n'en peut être autrement dans une société axée sur la production et la consommation. Il faudrait changer nos orientations sociales pour parvenir à considérer le travail autrement que comme un facteur de production au même titre que les matières premières ou l'énergie.

Il est clair que même sans avoir collectivement opté pour un niveau de consommation plus bas — au contraire même ! —, ce qui provoquerait une diminution de l'emploi, déjà, à cause de la très grande productivité de nos machines, il existe beaucoup trop de main-d'œuvre par rapport au nombre d'heures-travail requises pour faire fonctionner le système hétéronome.

Cette situation ne peut aller qu'en s'accentuant, puisque, comme l'a montré une étude allemande, « entre 1955 et 1960, des investissements de 100 milliards de marks contribuaient à créer deux millions d'emplois ; entre 1960 et 1965 : 400 000 ; à partir de 1965, le solde devenait négatif : 100 000 suppressions entre 1965 et 1970 (modernisations des usines), 500 000 entre 1970 et 1975 [5] ». Comme l'explique Bernard Cassen dans *Le Monde diplomatique*[6], « condamnés à un accroissement permanent de leur productivité, en raison de la concurrence extérieure, les industriels relèvent le défi, et constatent qu'avec un peu plus de technologie, on peut produire autant — voire davantage — en utilisant moins de personnel. Ainsi, exemple entre mille, il y avait en 1985, en Belgique, 39 200 emplois ouvriers pour produire 10,6 millions de tonnes d'acier. Il n'en fallait plus, cinq ans plus tard, que 21 200 pour produire 11,5 millions de tonnes : 10 % de production supplémentaire avec presque 50 % de moins de main-d'œuvre. » C'est dans cette perspective qu'il faut interpréter les taux élevés de chômage des sociétés industrialisées.

Le taux officiel de chômage au Québec était de 13,1 % en 1993 ; ce chiffre ne comprend pas les personnes qui ont cessé de chercher un emploi, parce qu'elles ont compris que c'était inutile ou pour d'autres raisons, ni celles qui n'ont plus droit à l'assurance-emploi, non plus que celles qui sont jugées « inaptes »

---

5. Données tirées d'un livre d'Alain Minc et rapportées dans *La Presse* du 5 septembre 1984.

6. Mars 1993.

au travail. C'est donc dire qu'une proportion importante de la population ne compte plus sur un emploi pour subvenir à ses besoins. Et chez ceux qui travaillent, beaucoup le font à temps partiel ou dans des emplois précaires. La situation du Québec n'est pas unique. Les chiffres varient un peu d'un pays à l'autre, mais partout dans le monde industrialisé les tendances sont identiques : accroissement du taux de chômage, précarité des emplois, augmentation des emplois à temps partiel. Le monde capitaliste est en réorganisation ; partout la productivité augmente et ce phénomène se fait au détriment du nombre et de la qualité des emplois.

Les « chanceux » qui conservent leur emploi font aussi les frais de cette course à la productivité : il faut qu'ils donnent un meilleur rendement soit en travaillant plus intensément, soit en consacrant plus d'heures à leur travail, mais pour la même rémunération, ou, dans les emplois mieux protégés, en faisant des heures supplémentaires. Depuis 1989, on constate au Québec une hausse des heures supplémentaires. Cette pression sur les employés n'est pas sans conséquences, car comme l'écrit Daniel Baril, « Partout on coupe des postes pour faire des économies. Or, ceux et celles qui ont survécu à ces suppressions tiennent de moins en moins le coup, victimes de ce que l'on appelle désormais le "syndrome du survivant"[7]. » Dans une conférence sur l'absentéisme au travail, Christine Smilga, psychologue du programme d'aide aux employés de l'hôpital Notre-Dame de Montréal,

---

7. « Le syndrome du survivant », *Les Diplômés,* automne 1995.

constatait : « L'expression "sécurité d'emploi" est en voie de devenir un archaïsme. De plus, l'augmentation de la masse d'information à traiter contribue à accroître la surcharge des travailleurs, sans compter les changements dans les modes de gestion, qui requièrent des efforts d'adaptation notables. Ce niveau de stress élevé vient à bout de la résistance physique et psychologique d'un certain nombre de travailleurs [8]. » Les employés qui ne se montrent pas à la hauteur de la tâche peuvent être facilement remplacés par tous ces chômeurs qui attendent impatiemment que s'ouvre un nouveau poste qu'ils accepteront à n'importe quelles conditions. Beaucoup d'emplois permanents sont abolis pendant qu'on crée à côté des emplois à temps partiel mal payés. Gorz rapporte que « 60 % des emplois créés aux États-Unis dans les années 1980 sont payés à des salaires inférieurs au niveau de pauvreté [9] ».

La crise de l'emploi... n'est pas une crise au sens où il ne s'agit pas d'un phénomène passager provoqué par des circonstances exceptionnelles, c'est l'aboutissement de la logique capitaliste. Après l'effondrement du bloc soviétique et la fin de la guerre froide, on passe maintenant aux choses sérieuses : la véritable mondialisation du capitalisme. Toutes les conditions sont maintenant en place pour l'expansion rapide du capital : bonnes infrastructures de transport qui permettent de déplacer facilement les marchandises (les

8. Citée par Daniel Baril.

9. Cité par Marcel Sévigny, « Après la mort du socialisme, comment sortir d'une logique capitaliste du progrès social ? », *Changements,* février 1993.

fabriquer là où elles coûtent le moins cher, les vendre là où elles rapportent le plus), sources de matières premières sous contrôle, produits agricoles obtenus bien en-dessous des coûts de production et qui permettent de maintenir les salaires à leur bas niveau, accès aux populations du tiers monde neutralisées par des militaires bien armés et des élites corrompues. En 1989, les entreprises multinationales contrôlaient 70 % du commerce international et 80 % de toutes les terres agricoles[10].

Les gouvernements qui croient aveuglément les économistes essaient toutes sortes de moyens pour relancer l'économie, ce qui selon la théorie néolibérale devrait amener la création de nouveaux emplois. Mais toutes les mesures envisagées ne font qu'aggraver le problème : le financement du déficit grâce au « dégraissage » de l'appareil gouvernemental et aux coupes dans les mesures sociales diminue le bassin des consommateurs dans un marché déjà saturé, tandis que les subventions aux industries accélèrent leur modernisation et entraînent de nouvelles mises à pied.

En fait, les gouvernements se sont mis à la merci des grandes entreprises en adhérant au protocole du GATT[11], maintenant remplacé par les règles de l'Organisation mondiale du commerce, grâce auxquelles elles dictent leurs conditions. Quand les gouvernements ne « collaborent » pas, elles vont tout simplement

10. Ces chiffres sont fournis par Dinyar Godrej, « Hunger in a world of plenty », *New Internationalist,* mai 1995.

11. Accord général sur les tarifs douaniers et le commerce.

s'installer ailleurs, où de toute façon, on leur consentira des conditions encore meilleures (exemptions de taxes, absence de réglementation environnementale, main-d'œuvre captive et non syndiquée, etc.). Même quand ils se disent sociaux-démocrates et qu'ils tentent de conserver le filet social qui protège les citoyens les plus fragiles, les gouvernements ne peuvent plus grand chose : s'ils taxent les profits, les entreprises partent, et s'ils taxent les revenus, les patrons et leurs cadres partent... avec leurs entreprises. « Profitant du libre-échange, les firmes se sont affranchies des contraintes de la communauté au niveau national, et une fois lancées dans la sphère internationale, qui n'a rien d'une communauté, se sont effectivement affranchies de toute obligation envers la communauté[12]. »

Pieds et poings liés par leurs compromissions, les gouvernements qui se trouvent impuissants se lancent donc dans le tape-à-l'œil des programmes de création d'emploi. Ils forment les travailleurs en vue d'emplois qui n'arrivent jamais, ils paient les employeurs pour qu'ils adaptent leurs employés aux nouvelles technologies qui permettront de licencier une partie d'entre eux, ils lancent des programmes PAIE, EXTRA et autres qui donnent aux patrons un accès direct à une main-d'œuvre presque gratuite. Les mesures d'incitation au travail se multiplient aussi, car il faut bien que les entreprises trouvent ici une main-d'œuvre qui accepte de se faire exploiter, sans quoi elles s'en iront.

---

12. Herman Daly et John Cobb, cités dans Teddy Goldsmith, « L'économie vernaculaire est locale donc largement autosuffisante », *Silence*, n° 179/180, juillet-août 1994.

Ainsi, le gouvernement de l'Ontario commence même à parler de mettre sur pied des camps de travail, sombre réminiscence des années 1930[13].

L'idéal des gouvernements est d'arriver à ce que tout le monde « gagne sa vie » ; ainsi, les revenus de l'État sont élevés et ses dépenses sociales basses. Que les gens s'ennuient à mourir dans leur emploi, qu'ils œuvrent dans des conditions telles qu'ils y perdent leur santé, qu'ils gagnent à peine de quoi survivre, qu'ils soient occupés à des tâches futiles, tout cela importe peu. Quand les gens travaillent, les coffres de l'État sont pleins et la morale est sauve, car la tradition judéo-chrétienne continue à perpétuer l'idée que l'homme (le « peuple », évidemment) est condamné à travailler à la sueur de son front. Cette éthique est si bien intégrée dans nos sociétés industrielles que la plupart des gens se sentent dévalorisés quand ils n'ont pas d'emploi régulier ; comme le salaire donne aussi accès à la consommation qui est devenue un fait social si important, être privé d'un salaire convenable équivaut à être marginalisé socialement. Sans emploi, on ne peut plus s'épanouir.

Il faut bien le constater, il est aujourd'hui impossible que tous les gens aptes retrouvent un emploi de 35 ou 40 heures par semaine. Le plein emploi n'est possible que si l'un des scénarios suivants se réalise :

– que les travailleurs acceptent les salaires payés dans des pays comme les Philippines et l'Indonésie — quelques dollars par jour — ce qui permettrait aux

---

13. Voir à ce sujet le livre de Lorne Brown, *La lutte des exclus, un combat à refaire*, Éditions Écosociété, Montréal, 1997.

industries de devenir concurrentielles dans la production de biens de consommation ;

– que les gouvernements se remettent à construire des pyramides ou d'autres édifices gigantesques et inutiles, mais qui occuperaient beaucoup de travailleurs ;

– que la semaine de travail soit coupée en deux.

Il serait tragique d'opter pour l'un des deux premiers scénarios. L'avenir de la planète est déjà assez menacé par l'emballement pour la consommation et par les destructions qu'elle entraîne pour aller plus avant dans cette direction. Reste le partage des heures de travail. De plus en plus souvent avancée comme LA solution, cette option mérite réflexion, car son application présente des risques : est-ce une mesure dilatoire qui permettrait au capitalisme de s'ajuster et de continuer sa progression en répartissant sur un plus grand nombre une pauvreté un peu moins intolérable ? Ou est-ce une voie qui offrirait à l'ensemble de la population une plus grande occasion d'épanouissement ?

Nous produisons de plus en plus avec moins d'heures de travail. Dans une société équitable, tous devraient profiter de ce progrès : travailler moins et bénéficier davantage d'une plus vaste production. Si l'on veut une société écologique, il faut pousser plus loin la réflexion. Va-t-on continuer indéfiniment à augmenter la production comme le veut la logique capitaliste qui prévaut présentement ? Est-ce qu'une partie même de la production actuelle n'est pas inutile, sinon carrément délétère ? J'ai donné, plus haut, l'exemple de constructions inutiles que pourraient entreprendre les gouvernements pour donner de l'emploi à tous ; le matériel de guerre que fabrique massivement l'industrie de l'armement — chars d'assaut, avions militaires, bombes... n'entre-t-il pas déjà dans la catégorie de ce qui est à remettre en question ? Il y a également beaucoup de « gains de productivité » qui mériteraient un examen attentif, car ils ont été faits au détriment de la qualité ou ils ont plus de conséquences négatives pour l'environnement.

Et si la société arrive à faire en sorte que tous travaillent moins, surgit une autre question : que feront les gens du temps ainsi libéré ? L'industrie du loisir de consommation est déjà prête et se tient à l'affût ; va-t-on maintenant s'installer 40 heures par semaine devant son téléviseur ?

Non, le partage du travail n'est pas une simple question mathématique pour répartir autrement le travail rémunéré, de plus en plus souvent accompli par de moins en moins de gens. C'est une occasion inouïe qui nous est donnée de mieux répondre à nos besoins en travaillant moins et en vivant mieux. Comme le dit M. Peter Glotz, l'un des principaux penseurs de la social-démocratie allemande, « La chance historique qui nous est ici offerte ne s'est encore jamais présentée à l'humanité : faire en sorte que le temps dont chacun dispose pour sa quête du sens soit plus important que le temps dont il a besoin pour son travail, ses récréations et son repos [14]. » Pour beaucoup de gens, cette possibilité peut déjà se réaliser en prenant les moyens pour dépendre moins de son emploi, y consacrer moins

14. Cité par André Gorz, « Bâtir la civilisation du temps libéré », *Le Monde diplomatique*, décembre 1992.

de temps et créer d'autres voies d'épanouissement avec le temps ainsi récupéré. Si nous tenons à la vie, à une vie pleinement épanouissante, nous devons trouver les façons d'opérer ce changement.

D'ailleurs, il faudrait se demander s'il est moralement acceptable qu'une partie de la population s'accroche tellement aux emplois disponibles alors qu'un nombre croissant d'individus n'ont pas accès au travail rémunéré, en particulier les jeunes, qui sont les plus touchés par le chômage. Bien sûr, pour beaucoup de personnes, travailler de longues heures est presque devenu une nécessité : elles se sentiraient perdues, s'ennuieraient ou seraient obligées de faire face à elles-mêmes si elles en avaient le loisir. Les Américains ont inventé le terme « *workaholic* » pour qualifier ceux pour qui le travail est devenu une sorte de drogue. Cette dépendance envers le travail ne constitue sûrement pas une voie d'épanouissement.

L'obligation d'avoir un emploi vient de la nécessité de gagner sa vie. Si on réduit ses dépenses, on a besoin de moins d'argent. Rien de plus logique ; et c'est d'ailleurs ce que découvrent de plus en plus de gens ; comme le rapportait Richard Hétu dans *La Presse* du 12 novembre 1995, « L'idée de moins consommer pour vivre plus est étonnamment populaire aux États-Unis. L'été dernier, un sondage national a eu ce résultat révélateur : au cours des cinq dernières années, 28 % des Américains ont choisi de réduire leurs revenus afin d'avoir une vie plus équilibrée. »

Il est plus facile de réduire ses dépenses quand on n'a plus d'emploi ou quand on y travaille moins longtemps. Moins de déplacements à faire, moins de vêtements à acheter, moins de repas à prendre à l'extérieur, moins de frais de garderie... Et le temps récupéré permet de faire soi-même des travaux pour lesquels il fallait auparavant payer : les rénovations de la maison, la couture, le jardinage, la mise en conserves de fruits et de légumes, le chauffage grâce au bois récupéré, etc. Accomplir ces diverses tâches, souvent manuelles, devient d'ailleurs fréquemment une source supplémentaire d'épanouissement.

Il y a cependant des limites à ce qu'on peut faire soi-même : je peux avoir des aptitudes pour le jardinage et y acquérir une certaine expertise, mais je me trouve dépourvu devant un mal de dents ; par contre, mon dentiste peut manquer de talent ou de temps pour s'occuper de son jardin. Pourquoi ne pas faire alors un échange de services ? Le troc permet d'obtenir des services ou des biens sans passer par le système monétaire et d'éviter, en toute légalité, taxes et impôts. Le troc peut se faire entre amis ou avec des connaissances ; il est aussi possible d'organiser le système au niveau d'une communauté. En Colombie-Britannique, le LETS (*Local Exchange Trading System*) existe depuis quelques années déjà et donne d'excellents résultats ; la formule se répand rapidement ailleurs [15]. Il est aussi possible, comme le suggère l'économiste André Joyal, de se

---

15. Pour une description du LETS — SEL (système d'échange local) en français —, voir Marcia Nozick, *Entre nous, op. cit.*, p. 75 ; la revue *Silence*, dans son numéro 194 (septembre 1995), publie des articles sur l'implantation de ce système en France. En 1996 est née à Montréal la Banque d'échanges communautaires de services, qu'on peut rejoindre au 514-271-0564.

regrouper, dans le cadre d'associations sans but lucratif, « pour répondre à ses besoins en alimentation, en réparation domestique ou automobile, pour répondre aux besoins de ses enfants. Si vous allez travailler bénévolement à la garderie une journée par semaine, la garderie pourra vous coûter 40 % moins cher. J'ai vu cela à Berkeley[16]. »

Comment emprunter cette voie ? Parfois, les circonstances nous y forcent ; la perte d'un emploi, la maladie, une crise existentielle créent des situations où il faut faire des choix radicaux. Certains ont d'ailleurs besoin d'être stimulés pour bouger ; et si ce coup de fouet ne vient pas de l'extérieur, ils se le donnent eux-mêmes, en faisant le saut et, ce qui paraît un coup de tête, en quittant leur emploi sans autre justification que celle d'en avoir assez de la vie qu'ils mènent. On peut aussi y aller plus lentement et tenter de réduire ses dépenses tout en continuant à occuper un emploi, en ajustant son niveau de vie à un nouveau contexte « comme si on n'avait plus d'emploi » ou en y allant progressivement ; cela permet de se constituer un coussin financier qui pourra faciliter ensuite la conquête de son autonomie dans une plus grande sécurité.

Beaucoup de personnes qui le désirent pourraient dès aujourd'hui trouver le moyen de réduire le temps qu'elles consacrent à un emploi dans le secteur hétéronome. Malgré les réticences de certains secteurs du

---

16. « Le travail partagé n'est pas fait pour une société du chacun pour soi », entrevue publiée dans la *Revue Notre-Dame,* mai 1994.

patronat, des employeurs ont déjà découvert les avantages qu'offrent à leur entreprise d'autres aménagements du temps de travail tels l'emploi partagé, le temps partiel, les vacances allongées, etc. Je ne veux évidemment pas parler ici de la possibilité que pourraient y voir certains patrons d'exploiter encore plus leurs employés grâce à ces formules, en ne leur donnant aucune sécurité d'emploi, en n'ayant pas à payer d'avantages sociaux, etc. ; tous ces inconvénients que craignent à juste titre les syndicats peuvent être évités. Les secteurs d'activité à grande fluctuation, où l'emploi partagé par deux personnes peut permettre de disposer de deux employés aux moments de pointe et d'aucun pendant les temps morts, fournissent un exemple du type d'avantages qui peut résulter de ces nouveaux partages du travail. D'autres employeurs accepteraient sûrement d'expérimenter cette voie ; et si les syndicats exerçaient des pressions en ce sens, la transition se ferait encore plus rapidement. Reste cependant que collectivement, un changement de mentalité s'avère nécessaire.

Les syndicats pourraient, en étant moins rigides, favoriser ces changements. Trop souvent ils se sont laissés enfermer dans la logique capitaliste et ne luttent que pour un accroissement des revenus de leurs membres. Ils pourraient orienter davantage leur lutte sur ces nouvelles conditions de travail. Du côté patronal, l'État pourrait déjà, en tant qu'employeur de centaines de milliers de personnes, tracer la voie et s'ouvrir aux formules qui permettent de diminuer le temps de travail. Le gouvernement du Québec a fait des pas intéressants en ce sens en offrant à ses fonctionnaires quelques formules volontaires de partage du travail, comme le congé à traitement différé, l'emploi à temps partiel, la retraite graduelle et le congé sans solde (avec emploi assuré au retour). Par les lois, les gouvernements pourraient aussi forcer la main des employeurs trop récalcitrants. Sur le plan social, des mesures comme limiter le temps supplémentaire et la possibilité d'occuper un deuxième emploi permettraient déjà de mieux partager les emplois actuels et de faire cesser certains types d'exploitation. Instaurer la retraite progressive, les congés-éducation et le recyclage obligatoire annuel pour certaines professions, libérerait de nombreuses heures-travail.

L'emploi à temps partiel peut constituer une excellente façon de concilier le désir d'avoir plus de temps à soi et la nécessité de gagner sa vie. Certes, comme le souligne la syndicaliste Nicole de Sève, « il faut développer des aménagements de temps de travail qui correspondent non plus aux impératifs de la production mais aux besoins des personnes, qu'elles soient aux études, aient charge de famille ou encore qu'elles s'approchent de leur retraite[17]. » Dans la perspective d'une recherche de plus grande autonomie personnelle, ces aménagements sont sans doute de première importance : s'il faut demeurer constamment en disponibilité, avec l'obligation de trouver à la dernière minute quelqu'un pour garder les enfants quand on est appelé

---

17. « Des nouvelles pratiques d'aménagement des temps de travail », *L'Action nationale,* mars 1995.

au travail ; s'il faut multiplier les déplacements ; s'il faut accepter d'accomplir en 20 heures ce qui en prendrait normalement 35, alors on n'a rien gagné.

À temps partiel ou à temps plein, le travail pourrait souvent se faire à la maison ; c'est une formule qui trouve de plus en plus d'adeptes, tant du côté des employeurs que de celui des employés. Les nouvelles technologies de la communication (télécopieur, ordinateur, courrier électronique, etc.) rendent la formule accessible pour un nombre de plus en plus important d'emplois. Les avantages peuvent être nombreux pour les uns et pour les autres ; pour les employés, économie de temps et d'argent (Claire Morissette rapporte le cas d'un employé fédéral de la région de Toronto qui évalue économiser ainsi de 3600 à 4200 dollars par année[18]), augmentation de la qualité de la vie, plus grande flexibilité dans l'horaire, etc. Les employeurs aussi y trouvent leur compte : économie d'espace, augmentation de la productivité, diminution de l'absentéisme... Mais comme le souligne Claire Morissette, « tout n'est pas rose, et le virage du télé-travail demande une certaine prudence[19] » ; là encore, il y a des possibilités d'exploitation.

Le travail à la pige constitue une autre façon de gagner sa vie tout en se libérant de la dépendance à l'endroit d'un employeur unique. Certains domaines s'y

---

18. « Travailler loin du patron », *Le Monde à bicyclette*, hiver 1992–1993.

19. *Ibid.*

prêtent mieux que d'autres : le journalisme, la traduction, la consultation dans divers champs de compétence, la menuiserie et les autres métiers de la construction. Cette possibilité n'est ouverte qu'à ceux qui ont développé une certaine expertise, et elle sera d'autant plus intéressante que leur compétence sera reconnue. En effet, le pigiste dépend constamment de la possibilité de décrocher de nouveaux contrats et ceux-ci n'arrivent pas nécessairement l'un après l'autre, mais souvent plus d'un à la fois, sans compter des périodes d'inactivité plus ou moins longues. Les personnes qui ont tendance à souffrir d'insécurité éprouvent des difficultés à s'épanouir dans un tel contexte. Je me souviens d'une entrevue dans laquelle Jean Duceppe expliquait pourquoi il travaillait autant ; lui qui était pourtant célèbre et très apprécié craignait toujours qu'on ne lui offre rien après ce qu'il était en train de faire.

Une autre façon de gagner sa vie — parfois assez proche de la pige — consiste à créer son propre emploi. Certes, on obtient ainsi le privilège de devenir son propre patron, mais il faut être conscient que les avantages qu'on peut retirer de cette situation se font longtemps attendre, la plupart du temps. Mettre sur pied une entreprise requiert beaucoup de travail, souvent des capitaux plus ou moins importants et beaucoup d'autres « ingrédients » plus ou moins contrôlables — chance, bons contacts, conjoncture favorable, etc., si bien que les échecs sont plus fréquents que les succès. Et les conséquences de l'échec peuvent hypothéquer pendant de longues années l'avenir de la personne qui l'a subi. Pour éviter de se retrouver dans cette situation, il vaut mieux bien se préparer avant de se lancer dans une telle aventure ; il existe d'ailleurs de plus en plus d'organismes communautaires qui assistent les futurs entrepreneurs dans leurs démarches[20].

Pour ma part, je vis dans des conditions bien spéciales. Depuis maintenant 20 ans, je n'ai pas d'emploi, pas de patron ; je suis « travailleur autonome ». Chaque jour, je fais ma vie, je décide de ce que sera ma journée et je l'organise. Dans l'ensemble, c'est agréable — c'est certainement le genre de vie que disent souhaiter bien des gens —, mais c'est loin d'être facile. Car occuper un emploi stable a aussi ses charmes : les tâches et les responsabilités sont définies, vous vous laissez porter par les événements, vous faites ce pour quoi on vous a engagé. Dans mon cas, j'avance en tâtonnant, en me remettant constamment en question. Je ne suis jamais en terrain sûr : j'invente ma route au fur et à mesure que j'y avance. Je dois me raisonner constamment, éviter de m'engager sur des voies d'évitement ; par exemple, avec le type de maison où j'habite, il y a toujours quelques travaux manuels à faire, et comme j'adore ce genre d'ouvrage, je pourrais m'y consacrer presque totalement. Mais je ne crois pas que ce soit ce que j'ai de mieux à faire, pas tout le temps du moins ; alors j'essaie de doser mon temps, de le répartir entre diverses activités... Je suis constamment en vacances et je « travaille » tout le temps, il n'y a plus de limites

---

20. On trouvera dans le livre de Marcia Nozick cité précédemment la description du mode de fonctionnement de plusieurs de ces organismes.

entre vie et travail, entre militantisme, loisirs et travail. Je suis à ma retraite et je sais que je ne prendrai jamais ma retraite.

Se libérer de l'obligation d'occuper un emploi pendant 35 ou 40 heures par semaine ne relève pas du rêve, même aujourd'hui, alors qu'on décrit la situation économique comme étant difficile. Comme nous venons de le voir, certaines avenues sont accessibles à celles et à ceux qui osent les emprunter ; mais ne vaut-il pas la peine de prendre des risques quand au bout de la route on a des chances de trouver une plus grande liberté ? Cependant, les risques pourraient être beaucoup moins importants, si collectivement nous choisissions de nous reprendre en mains et de redonner à l'économie sa véritable fonction, car alors toute la problématique du travail apparaîtrait sous un autre jour. C'est ce que nous allons voir dans le prochain chapitre.

CHAPITRE XII

Une économie centrée sur les besoins

L'ÉCONOMIE de marché, le libre-échange et la mondialisation du commerce nous conduisent directement à notre perte. Pourtant, comme l'a si bien dit Lewis Mumford, « le véritable objet de l'économie est la plénitude et non l'abondance[1] ». Il faut descendre cette déesse du trône qu'elle occupe dans nos sociétés : nous sommes devenus ses serviteurs, attentifs à ses moindres vacillations, obéissants à ses besoins, comme si elle était une entité autonome. On soigne maintenant l'économie au détriment des êtres humains. Le moyen est devenu la fin.

Le système actuel nous plonge constamment dans une situation piégée. En tant que producteurs, avoir un « bon emploi » bien rémunéré signifie presque

1. Cité par Theodore Roszack, *Where the Wasteland Ends*, Doubleday & Company, New York, 1977, p. 386.

toujours travailler au service de ceux qui, par leur appétit incontrôlé pour le profit, provoquent la destruction de nos structures sociales et de notre environnement ; et comme consommateurs, nous contribuons le plus souvent à enrichir des entreprises qui, à un titre ou à un autre, sont fondées sur l'exploitation. Dans son livre sur les moyens de rebâtir nos communautés, Marcia Nozick affirme : « Ce qu'il nous faut, c'est une nouvelle conception de la santé économique qui fasse la distinction entre ce qui *produit* la vie et ce qui la *détruit,* une approche du développement qui encourage la création de la vie plutôt que sa destruction[2]. »

Dans la présentation du livre *L'autre économie — une économie alternative ?*[3], Benoît Lévesque en décrit les orientations. Elle devrait :

> – Accorder la priorité aux personnes sur les choses (et donc refuser de se laisser enfermer dans la seule logique de la production) ;
>
> – tenir compte de la diversité des besoins et des intérêts de l'homme (et donc remettre en cause la vision néoclassique de l'*homo economicus* et la rationalité économique) ;
>
> – prendre en charge l'ensemble du travail concret et non seulement du travail rémunéré (ce qui laisse supposer la nécessité d'une alternative à la valeur) ;

---

2. *Entre nous — Rebâtir nos communautés, op. cit.,* p. 103.
3. Textes réunis par B. Lévesque, A. Joyal et O. Chouinard, Presses de l'Université du Québec, Montréal, 1989.

– prendre en considération la disponibilité des ressources naturelles (et donc tenir compte du long terme et des « externalités ») ;

– valoriser la qualité plutôt que la quantité, l'être plutôt que l'avoir (et donc tenir compte du développement personnel et de la sociabilité) ;

– tenir compte de l'utilité sociale de la production.

La transition vers cette nouvelle économie, que de plus en plus de gens souhaitent, doit venir de la population. Deux voies peuvent nous y conduire et elles se renforcent mutuellement : d'une part, s'engager résolument dans des initiatives qui relèvent de l'économie alternative, par la façon de gagner sa vie et par la manière de la vivre ; d'autre part, tenter d'amener les pouvoirs publics à comprendre que la solution aux problèmes économiques actuels ne se trouve pas dans la création d'emplois à tout prix.

Commençons par la deuxième voie : le rôle des pouvoirs publics. Bien sûr, il ne faut pas trop espérer de gouvernements si étroitement liés au monde de la haute finance. Mais déjà, plusieurs de nos programmes sociaux pourraient être modifiés pour faciliter cette transition ; il faut aussi reconnaître que les gouvernements sont maintenant devenus l'instance la plus importante de redistribution de la richesse collective. Jean-Paul Maréchal, dans *Le Monde diplomatique* de mars 1993, présente deux solutions au chômage de masse que connaissent les sociétés industrialisées : un revenu garanti dissocié du travail auquel pourrait s'ajouter un revenu d'activité ; ou bien un « deuxième chèque » compensant la perte de revenu entraînée par la réduction de l'horaire de travail. Maréchal mentionne diverses études expliquant la faisabilité de l'une ou l'autre solutions et montre que la conception actuelle qui veut que « le revenu est la contrepartie d'un travail, lui-même unique mode de socialisation, [...] ne correspond plus, et depuis longtemps, à la réalité. En France, 34 % des revenus des ménages sont déjà actuellement constitués par des prestations sociales, c'est-à-dire des versements (allocations logement, allocations familiales, etc.) attribués à des personnes en raison de leurs besoins spécifiques ou de leur situation particulière. » Les prestations sociales assument déjà aussi une partie des coûts du chômage. Il suffirait donc au gouvernement de réaménager les allocations sociales pour constituer une partie du « revenu de citoyenneté », qui permettrait à chacun de se procurer le minimum vital ; ceux qui voudraient consommer davantage pourraient le faire à partir des revenus qu'ils tireraient du travail rémunéré qu'ils accepteraient d'accomplir.

Aux yeux de plusieurs, la libération de l'obligation de travailler semble une idée bien saugrenue : si personne n'y était obligé, le risque serait grand que personne ne veuille le faire et que les tâches essentielles au bon fonctionnement de la société ne soient plus accomplies. Mais comme le soulignait Kropotkine, « Le bien-être, c'est-à-dire, la satisfaction des besoins physiques, artistiques et moraux, et la sécurité de cette satisfaction, ont toujours été le plus puissant stimulant au travail. [...] C'est pourquoi une société qui visera au bien-être de tous et à la possibilité pour tous de jouir de la vie dans toutes ses manifestations, fournira un travail volontaire infiniment supérieur et autrement considérable que la production obtenue jusqu'à l'époque actuelle, sous l'aiguillon de l'esclavage, du servage et du salariat [4]. » Il faut aussi comprendre que le revenu de citoyenneté permet seulement de répondre aux besoins vitaux ; la motivation d'obtenir d'autres revenus demeure. De plus, même si parallèlement à l'instauration du revenu de citoyenneté s'opérait une valorisation des activités non rémunérées comme le bénévolat ou la création artistique, plusieurs continueraient à vouloir s'insérer dans la société par un travail rémunéré. De toute façon, si jamais il y avait tellement de personnes qui choisissaient de ne pas travailler que les tâches sociales essentielles commençaient à être négligées, il serait toujours temps de les assigner à chacun à tour de rôle.

René Passet explique la solution du « deuxième chèque » ; il s'agit d'une prime qui serait versée par l'État aux gens acceptant de travailler à mi-temps : « Cette prime augmenterait de 40 % les gains de deux travailleurs se partageant un poste à plein temps. Il n'en coûterait rien à l'entreprise ni à l'État. La première, en effet, verserait deux demi-salaires au lieu d'un salaire plein, cependant que le second trouverait, dans la réduction des dépenses de chômage, les moyens nécessaires à son intervention [5]. »

---

4. George Woodcock et Ivan Avakumovic, *Pierre Kropotkine, prince anarchiste,* Montréal, Éditions Écosociété, 1997, p. 321.

5. « Sur les voies du partage », *Le Monde diplomatique,* mars 1993.

Sans renoncer à ce type de mesures qui requièrent l'intervention de l'État — l'État, ça pourrait être « nous » en vraie démocratie ! — mieux vaut ne pas les attendre avant d'agir. Et il ne manque pas d'actions possibles pour qui désire passer à une économie alternative.

Quatre tendances me semblent caractériser l'« économie triomphante », galopante et dominante :

– **la mondialisation de la production et des échanges** : on fabrique là où les coûts de production sont les plus bas, grâce à une main-d'œuvre docile et sous-payée, à des avantages fiscaux importants et à l'absence de réglementation environnementale ;

– **la spécialisation des tâches** : les connaissances sont de plus en plus fragmentées, ce qui cantonne les travailleurs de plus en plus souvent dans des tâches répétitives qui nuisent à leur développement intégral tout en les rendant plus facilement remplaçables ;

– **l'individualisme et la destruction des solidarités** : les milieux d'affaires et de la finance mènent une lutte sans merci (et souvent victorieuse) contre les mesures de protection sociale et les réglementations qui nuiraient au « libre jeu de la concurrence ». Travailleuses et travailleurs sont de moins en moins bien protégés, leurs syndicats s'affaiblissent et la solidarité sociale disparaît progressivement ;

– **l'augmentation de la consommation** : la bonne marche de l'économie requiert une augmentation constante de la consommation de luxe, au profit de ceux qui ont l'argent pour se l'offrir.

Toute action qui contrecarre ces tendances m'apparaît valable. Comme l'écrit Theodore Roszack, même quand rien ne semble bouger d'en haut, reste toujours une voie à emprunter pour aller de l'avant : « la création d'exemples concrets d'une consommation réduite et d'alternatives de haute qualité au courant dominant [...] Ce que les gens doivent comprendre, c'est qu'une vie écologiquement saine et socialement responsable est une *bonne* vie ; que la simplicité, la modération et la solidarité permettent une existence libre et fière[6]. »

Le retour à la terre s'avère sans doute l'un des meilleurs moyens de retrouver « une vie écologiquement saine et socialement responsable ». C'est ce que pensent Teddy Goldsmith et nombre d'autres écologistes. Il me semble également primordial, pour l'avenir de l'humanité et de la planète, que nous rétablissions avec la terre les liens que l'urbanisation à outrance nous a conduits à rompre. L'ignorance de la nature et des phénomènes qui accompagnent ses cycles, l'éloignement des éléments essentiels que sont l'eau, le vent, la terre et le feu, nous privent des conditions d'un plein épanouissement individuel.

Vers la fin des années 1960, nous avons connu au Québec un mouvement de retour à la terre ; ce fut surtout le fait de jeunes qui rejetaient les valeurs dominantes et qui voulaient faire un autre monde grâce à la vie en commune ; un certain nombre d'intellectuels ont aussi acheté des terres pour s'y installer. Le manque

---

6. *Where the Wasteland Ends, op. cit.*, p. 387. Voir aussi mon livre *La belle vie ou le bonheur dans l'harmonie*, Éditions Écosociété, Montréal, 1996.

de préparation et la volonté d'aller trop vite ont mené à des échecs nombreux. Pour réussir ce genre d'expérience, il est nécessaire de se bien préparer ; aujourd'hui, il le faut encore davantage, puisque l'agriculture moderne a subi d'énormes transformations qui rendent fort difficile l'établissement de nouveaux agriculteurs. Les bonnes terres se vendent à des prix inabordables, elles sont aménagées pour les grandes monocultures qui requièrent beaucoup de machinerie et d'intrants chimiques... Ce n'est pas en adoptant ce modèle d'agriculture industrialisée qu'on effectue un retour à la terre valable. Il faut plutôt s'orienter du côté des petites productions et de l'agriculture biologique, et pour acquérir la terre nécessaire à ce type de cultures, il faudra former des coopératives ou développer des fiducies foncières communautaires. Cette dernière formule est fort intéressante ; Marcia Nozick la décrit ainsi :

> Une fiducie foncière communautaire (FFC) est un terrain acquis collectivement par une communauté pour utilisation *à perpétuité* par cette même communauté. Voici comment cela fonctionne : des parcelles de terrain ou, dans certains cas, des quartiers tout entiers, sont soit légués, soit achetés par un groupe et intégrés à une fiducie foncière. Le terrain est ensuite loué, généralement pour une période de 99 ans, aux membres du groupe qui acceptent d'*utiliser* celui-ci pour une habitation (si la fiducie foncière est située en zone urbaine) ou à des fins agricoles (si elle est située en zone rurale) — selon les objectifs que s'est fixés le groupe[7].

7. *Op. cit.*, p. 138.

Les municipalités rurales qui cherchent à se revitaliser pourraient facilement constituer de telles fiducies en achetant quelques terres ou à partir de celles qu'elles ont saisies pour non-paiement de taxes. Elles pourraient diviser ces terres en petits lots et les louer à des personnes qui s'engageraient à faire de la culture intensive selon les méthodes biologiques.

Il n'est évidemment pas nécessaire de devenir agriculteur pour reprendre contact avec la terre. On peut jardiner à temps partiel, pour répondre à ses besoins ou pour se faire un revenu d'appoint ; et cela peut se faire en ville ou en banlieue, quand on dispose d'un terrain assez grand. Il me semble cependant qu'il y aurait de nombreux avantages à ce que s'effectue un nouveau retour à la vie rurale, non dans un esprit de fuite de la ville, mais dans la perspective de revitaliser sa vie et celle de son milieu. Les petites villes et les villages s'avèrent en effet des milieux plus propices à la vie communautaire, à l'édification de nouvelles solidarités et à la reprise de notre pouvoir.

Avec les moyens modernes de communication, beaucoup d'entreprises, en particulier dans le domaine des services, peuvent s'installer loin de leur clientèle. En situant des entreprises alternatives en dehors des grandes villes, il serait possible de mener simultanément des expériences intéressantes aux points de vue du travail, de la communauté et de la qualité de vie. Qu'elles soient organisées en milieu rural ou en milieu urbain, « il n'existe pas de frontières bien précises entre les alternatives économiques et les alternatives culturelles », ainsi que le signale Benoît Lévesque ; il note cependant que si l'on s'en tient au volet économique, on retrouve dans ces alternatives :

– l'expérimentation de *modes alternatifs de consommation* et de comportement : nouveaux styles de vie mais aussi nouvelles habitudes de consommation comme par exemple la réduction volontaire de la consommation (*Voluntary Simplicity*) qui valorise plus l'être que l'avoir, les valeurs d'usage que les valeurs d'échange, etc. ;

– des expérimentations allant dans le sens de l'*autoproduction,* de l'autosubsistance, du troc, de réseaux d'entraide, etc. ;

– de *nouvelles méthodes de production* : technologie à visage humain ou technologie douce, production à faible consommation d'énergie ou faisant appel à des formes alternatives d'énergie comme l'énergie solaire, unité de production de faible dimension, etc. ;

– de *nouvelles formes d'entreprise* qui se caractérisent par la gestion collective, une forte implication des travailleurs, l'utilité sociale de la production, la recherche d'une rentabilité sans enrichissement ;

– des expériences de *développement local et communautaire* qui favorisent le contrôle de la communauté sur son environnement et son destin ;

– le *partage du travail et la pluriactivité,* soit une réduction du temps de travail et une alternance du travail rémunéré et du travail non rémunéré (cet élément débouche sur une approche plus macro)[8].

---

8. *L'autre économie : une économie alternative ?, op. cit.*, p. 30.

Rares sont les personnes qui disposent elles-mêmes des fonds nécessaires pour lancer une nouvelle entreprise, aussi alternative soit-elle; il faut donc qu'elles trouvent d'autres moyens de financement.

Au départ, les entreprises vraiment alternatives, à cause justement de leur fonctionnement hors normes, trouvent difficilement de l'aide du côté des institutions financières traditionnelles; et quand elles reçoivent une oreille attentive à leurs demandes, elles deviennent de moins en moins alternatives pour répondre aux critères des institutions prêteuses. De plus, les taux d'intérêt grugent une telle part des revenus qu'ils élèvent considérablement le seuil de rentabilité. En fait, une entreprise alternative devrait l'être jusque dans son financement. Et il existe des moyens d'y parvenir.

Par exemple, on peut se financer en trouvant une clientèle qui achètera les produits en les payant d'avance. À leurs débuts, c'est de cette manière qu'ont fonctionné les éditions *L'Hexagone*; quand on projetait de publier un livre, on l'offrait à une liste de souscripteurs qui l'achetaient à l'avance. Les groupes d'Agriculture soutenue par la communauté utilisent une formule semblable[9].

Certains artistes recourent à leurs amis et connaissances pour financer leurs projets de disque, d'exposition ou de livre. Ce sont surtout des artistes régionaux qui emploient ce moyen avec succès; les gens sont souvent fiers de contribuer à l'épanouissement de la culture locale. Un des auteurs des Éditions Écosociété a soumis

9. Voir l'article de Brigitte Pinard à l'annexe I.

son projet de livre à une dizaine d'organismes susceptibles d'être intéressés par son sujet et il a demandé à chacun une contribution de 500 dollars pour lui permettre de se consacrer pendant quelques mois à sa rédaction ; la plupart des groupes ont répondu favorablement.

Pour les projets plus importants, il est possible de former une coopérative dans laquelle les personnes qui lancent le projet font chacun une mise de fonds ; peuvent également y participer des sympathisants ou d'éventuels utilisateurs des services.

À certains endroits, des groupes populaires ont réussi à mettre sur pied des caisses communautaires de prêts. L'Association communautaire d'emprunt de Montréal en est une ; elle se définit ainsi :

> L'Association communautaire d'emprunt de Montréal est une corporation sans but lucratif. Elle accepte des prêts venant d'individus aussi bien que d'institutions et emploie le capital ainsi constitué pour accorder des prêts à des conditions abordables pour des fins de développement communautaire. Ainsi, l'Association pourra prêter ce capital plusieurs fois durant la période convenue entre elle et son prêteur. Ceci a un effet multiplicateur bénéfique puisque le même capital permet de financer plusieurs projets utiles à la société.
>
> [...]
>
> L'Association favorise les emprunts accordés à des groupes ou à des individus qui ne peuvent obtenir, pour leur projet, un capital de départ auprès des institutions financières traditionnelles. Chaque fois

> que cela est possible, elle fait aussi en sorte que l'emprunt accordé puisse faciliter pour l'emprunteur-emprunteuse l'obtention de prêts provenant d'autres sources[10].

Évidemment, ces caisses ne peuvent répondre à tous les besoins. Il est cependant souvent possible, pour les initiateurs d'un projet alternatif, de trouver, parmi leurs amis et leurs connaissances, un certain nombre de personnes qui acceptent de faire un prêt sans intérêt pour un laps de temps plus ou moins long. C'est là une façon de développer la solidarité dans nos communautés.

La solidarité ! C'est en effet sur elle que repose notre avenir, c'est grâce à elle que peut se développer cette économie alternative qui est l'unique voie qui nous permettra de survivre. Car comme le constate René Passet, « On s'acharne à raisonner en termes de production alors qu'à l'échelle du monde toutes les pénuries — y compris alimentaires — sont techniquement vaincues. Le problème se déplace vers le partage : partage de l'emploi et des revenus dans les pays industrialisés, partage des savoirs et des moyens avec le monde sous-développé, partage de la planète avec les générations futures. Tout reste à inventer[11]. » Aujourd'hui, il ne suffit plus de déplorer le démantèlement des solidarités anciennes : on doit en développer de nouvelles et reconstruire la société sur d'autres fondements que la course à la performance et la compétition, tant par des actions globales qu'à partir d'initiatives personnelles.

---

10. Dépliant publié par l'Association.

11. « Sur les voies du partage », *Le Monde diplomatique*, mars 1993.

C'est vraiment dans sa communauté qu'il est possible de mieux répondre à ses besoins, et c'est là que doivent se développer les solidarités nécessaires pour compenser les coups du sort ou les inégalités liées à la diversité de la répartition des capacités ou des possibilités.

La solidarité commence évidemment avec ses proches ; s'il est des personnes sur qui on devrait pouvoir compter dans les périodes difficiles, dans la malchance, la maladie ou d'autres circonstances qui peuvent survenir, ce sont bien nos parents et nos amis. Il y a quelque chose qui ne va vraiment pas quand on voit des petits-enfants obligés de poursuivre leurs grands-parents pour obtenir des moyens de subsistance, quand des adultes se débarrassent de leurs parents vieillissants en les plaçant en institution, quand des couples qui se séparent se ruinent en honoraires d'avocats pour essayer de s'en arracher mutuellement le plus possible. C'est de plus en plus le « chacun pour soi », sous prétexte d'indépendance. Mais peut-on être totalement indépendant ? Nous sommes des êtres sociaux, nous avons besoin de communiquer, d'établir des liens avec d'autres. Nous avons ou nous aurons besoin des autres à certains moments de notre vie ; par contre, ces mêmes personnes qui aujourd'hui nous sont utiles, auront besoin de nous demain. C'est à partir d'une certaine interdépendance que se bâtit la solidarité ; c'est la dépendance unilatérale qui est difficile à supporter. La solidarité — dans le cas de la famille, on peut souvent parler d'un amour qui se traduit par un soutien inconditionnel — ne s'appuie pas sur une comptabilité stricte : tu me donnes tant, je te donne tant; cette semaine tu me rends service, la semaine prochaine ce sera mon tour. Dans la famille, les parents donnent beaucoup à leurs jeunes enfants et ce n'est que bien plus tard que ces derniers auront peut-être l'occasion de le leur rendre. Il ne s'agit pas de chercher à dresser un bilan constamment équilibré; l'important, dans une relation de solidarité, est de savoir que l'autre sera là si nous avons besoin de lui. On rend à d'autres ce qu'on a reçu de l'un ou de plusieurs.

Pour développer un réseau de solidarité, il est nécessaire d'apprendre à donner, mais aussi à demander et à recevoir. On ne rassure pas ses parents simplement en leur répétant qu'on sera là quand ils seront vieux; la certitude de notre présence plus tard se fonde sur la qualité de notre présence aujourd'hui, laquelle se manifeste par des petits gestes maintes fois répétés.

La famille et les amis ne suffisent pas toujours pour répondre à tous ses besoins. D'ailleurs, on ne peut pas toujours compter sur ses proches; dans certains cas, on doit malheureusement couper les ponts avec une famille destructrice. Également, plus le réseau de solidarité est étroit, plus il est fragile. Et la société ne se constitue pas en secteurs étanches; c'est dans une culture de solidarité que se développent tant les liens familiaux solides que les autres formes d'entraide. C'est cette culture qu'il faut aujourd'hui raviver. L'individualisme et l'égoïsme des classes moyennes des sociétés industrialisées est un fait historique déviant. Dans le tiers monde, dans les secteurs défavorisés des pays industrialisés, dans certains milieux agricoles, l'entraide continue à être la règle.

Comme l'affirmait Kropotkine, « tout ce qui tend à limiter les fonctions du gouvernement et contribue à développer le sens de la communauté, constitue déjà un réel progrès [12] ». Il s'agit donc de nous organiser pour nous doter de services communautaires en mesure de répondre à tous ces besoins qui dépassent les capacités individuelles ou qui rendent la vie plus agréable. Beau-coup de ces services existent déjà ; mais souvent leur survie est loin d'être assurée, car ils ont été créés grâce à des subventions gouvernementales qui varient au gré de la conjoncture économique et de l'idéologie domi-nante ; il est de beaucoup préférable de bâtir à partir des ressources communautaires elles-mêmes.

La question des subventions gouvernementales est très importante. Il faut le reconnaître, certains gouvernements sont plus progressistes que d'autres et, sous la pression populaire, il arrive qu'ils acceptent de participer au financement d'initiatives valables. Cependant cette façon de démarrer un service présente de grands dangers. La disponibilité d'un financement, que je qualifie d'artificiel, permet d'offrir une qualité de service qui ne pourra être maintenue quand viendra inévitablement la période d'autofinancement, ce qui entraînera de la frustration chez les usagers et leur désaffectation. De plus, les subventions aboutissent presque toujours à un clivage entre les salariés et les non salariés ; ces derniers délèguent aux premiers de plus en plus de

12. *Op. cit.*, p. 243.

responsabilités (« vous êtes payés pour le faire ») et lorsque cessent les subventions, il n'y a plus personne pour effectuer le travail. Enfin, le fait d'accepter des subventions lie fréquemment un organisme au respect de normes qui diminuent la souplesse nécessaire aux initiatives communautaires. Que de garderies et d'écoles alternatives ont été étouffées par ces normes !

Il ne s'agit pas de refuser par principe toute subvention gouvernementale : c'est une partie de notre argent qui nous revient, et tant qu'existera un État fort, c'est autant de gagné. Par contre, il faut être lucide et prendre les moyens de conserver sa liberté de philosophie et d'action d'une part, et d'éviter la dépendance financière d'autre part. Si on ne peut remplir ces deux conditions, autant refuser l'aide gouvernementale. Dans beaucoup de milieux, on a tendance à accepter sans discernement tous les programmes gouvernementaux de création d'emplois parce qu'ils permettent de remettre au travail un nombre plus ou moins important de personnes. Mais d'un côté, la plupart de ces programmes n'aboutissent pas à la création d'emplois permanents, de l'autre, ils font de la récupération d'initiatives parfois intéressantes auxquelles cette injection temporaire de fonds donne un élan qui se brise au sevrage, compromettant leur avenir. Et souvent l'échec d'un projet empêche pour de longues années la reprise d'une initiative du même genre : les personnes intéressées se sont « brûlées » et la population a perdu confiance et doute de la pertinence du service offert.

Les domaines où l'on pourrait développer la solidarité communautaire sont nombreux. En voici quelques exemples. Souvent, ils existent déjà à l'état embryonnaire ici ou ailleurs.

Les corvées

Dans toutes les communautés humaines qui n'ont pas été atomisées par les impératifs de la vie moderne, la corvée a toujours été et demeure un outil précieux de solidarité et, dans bien des circonstances, de survie. Que ce soit pour accomplir les travaux agricoles que les variations de température ou les phénomènes climatiques rendent urgents, pour faire face à un cataclysme qui frappe une communauté, pour réparer les dommages causés à une famille par un incendie ou un autre accident, pour doter la communauté d'un service quelconque (école, route, puits...) ou tout simplement pour organiser une fête ou une célébration, la corvée permet d'accomplir plus rapidement ce qu'un individu ou une famille mettrait beaucoup de temps à faire, et d'y arriver le plus souvent à moindre coût ; parfois, la corvée est même nécessaire à cause du nombre de personnes requises pour la tâche à accomplir, mettre à l'eau un bateau par exemple. Encore aujourd'hui, quoique marginalement, même dans nos sociétés industrialisées on continue à utiliser la corvée — par exemple, dans les groupes religieux, dans les organisations populaires, dans les régions rurales. Les jeunes organisent souvent des corvées pour faire leurs déménagements.

Il faudrait remettre à l'honneur ce mécanisme de solidarité sociale ; je suis convaincu qu'un grand nombre de personnes ne demanderaient pas mieux que d'y participer. Il n'est pas nécessaire d'attendre les « grosses occasions » — une tempête de verglas ou un autre désastre. Dans le livre *Taking Charge of our Lives*[13], on rapporte l'expérience d'une Américaine qui, à partir d'une rencontre de parents à l'école fréquentée par ses enfants, a organisé une corvée mensuelle à laquelle participent une douzaine de personnes. Ces gens se réunissent tous les mois chez l'un d'eux, chacun recevant les autres à tour de rôle, pour y faire « tout ce qui a besoin d'être fait » : réparations électriques, peinture, ménage des armoires, lavage des vitres, isolation du grenier, aménagement du potager... ; les outils nécessaires sont fournis par ceux qui en possèdent. À l'heure du lunch, tous mettent en commun ce qu'ils ont apporté et en profitent pour se donner les dernières nouvelles. Dix ans après le début de cette initiative, le groupe continue à fonctionner : « Tout au long de ces années, chaque famille a économisé beaucoup de temps et d'argent, mais Dorothy Fadiman (à l'origine du projet) a l'impression que chacun en a retiré un bénéfice encore plus important : “J'ai la profonde certitude que si j'ai un quelconque besoin, je peux faire appel à ces gens, et ils savent qu'ils peuvent aussi compter sur moi.” »

---

13. Publié sous la direction de Joan Bodner, Harper & Row, New York, 1984.

Les ressourceries

C'est connu, nos poubelles regorgent de richesses : vêtements, appareils ménagers, bois de construction, meubles, matériaux recyclables. La grande mode est à la collecte sélective : de plus en plus de municipalités recueillent séparément le papier, le plastique, le verre et le métal, pour l'envoyer au recyclage, alors que le reste est enfoui ou incinéré. C'est certainement mieux que de tout enfouir directement ; mais c'est encore si peu par rapport à ce qui pourrait être fait. Car beaucoup d'objets qui sont jetés se retrouvent à la poubelle non parce qu'ils ne sont plus utilisables, mais parce que leur propriétaire n'en a plus besoin ou n'en veut plus. Ils pourraient servir à d'autres personnes. Chaque fois que je suis allé dans un dépotoir pour y porter des ordures, j'en suis revenu l'auto remplie. Sauf que les dépotoirs ne sont pas conçus pour les échanges et que fort peu de personnes y vont. Par contre, chaque municipalité ou chaque quartier des grandes villes pourrait avoir son centre de tri où l'on puisse apporter ce qui ne sert plus et se procurer des objets usagés ; ce serait une sorte de bourse des produits usagés. Ce qui ne trouverait pas preneur pourrait passer au recyclage. C'est là la fonction que veulent remplir les ressourceries qui commencent à naître un peu partout au Québec[14].

---

14. Le *Réseau des ressourceries du Québec* (2025 A Masson, local 003, Montréal, H2H 2P7 ; 514-521-0851), avec la collaboration du Gouvernement du Québec, veut implanter 90 ressourceries à la grandeur du territoire québécois ; certaines sont déjà en fonction.

Copropriété, colocation et coopératives d'habitation

Selon les personnes, selon les circonstances de la vie et selon les états psychologiques, les besoins en logement varient. Il n'existe pas de formule unique qui réponde à tous. En conséquence, il s'est développé toute une variété de façons de s'héberger. Pour beaucoup de gens, le critère économique s'avère le facteur principal dans le choix de la solution qu'ils adoptent ; sans en minimiser l'importance, il me semble que devraient entrer en ligne de compte d'autres éléments, qui ont beaucoup d'importance pour améliorer la qualité de sa vie.

La colocation est la formule la plus simple que choisissent souvent, pour des périodes relativement brèves, les personnes qui ne vivent pas en couple. Plus on envisage cette formule pour longtemps, plus il est important d'établir clairement au départ les attentes de chacun et de s'entendre sur les responsabilités respectives.

La copropriété de même que les logements jumelés peuvent permettre la mise en commun d'une foule de services, surtout quand les familles comptent de jeunes enfants.

Les coopératives d'habitation rendent plus facile l'accès à la propriété. Il y est aussi possible de se donner un plus ou moins large éventail de services en commun : salle communautaire, équipements sportifs, garderie, etc. Si les coopérants le souhaitent, ils peuvent développer une vie communautaire plus ou moins intense. De toute façon, les enfants bénéficient toujours de plus de compagnons de jeux, surtout quand on a prévu une cour commune.

Le partage le plus complet se fait en constituant une commune. Qu'elles soient urbaines ou rurales, les communes présentent de nombreuses variations dans le degré de mise en commun, en ce qui regarde la propriété des biens, la responsabilité des enfants, la sexualité, etc. L'expérience montre qu'en général la durée des communes est relativement courte ; ne réussissent à durer que celles où les membres partagent un profond engagement idéologique ou religieux.

Le gardiennage des enfants

Les familles monoparentales se multipliant et, dans les familles biparentales, les obligations à l'extérieur du foyer des deux parents se faisant plus fréquentes, développer des services de gardiennage devient nécessaire. Ces dernières années, le réseau des garderies s'est rapidement étendu, mais le nombre de places disponibles n'est jamais suffisant pour répondre à tous les besoins, même avec l'ouverture d'un certain nombre de garderies sur les lieux de travail. Il faut trouver d'autres solutions, et c'est du milieu communautaire qu'elles viendront. L'institutionnalisation des garderies présente d'ailleurs des désavantages : en particulier, leurs coûts croissants forcent les parents à chercher des moyens d'avoir de plus gros revenus ou ils accentuent la dépendance envers l'État.

Beaucoup de parents trouvent à l'occasion un proche, un ami ou un voisin — des femmes le plus souvent, mais pourquoi faut-il qu'il en soit toujours ainsi ? — qui reçoivent leurs enfants pendant quelques heures. Pourquoi ne pas chercher d'autres parents de jeunes enfants qui accepteraient de garder à jours fixes leurs enfants et les nôtres, en échange du même service ? S'occuper de jeunes enfants est une tâche qui requiert une attention presque constante ; en avoir un ou trois sous sa garde n'exige pas beaucoup plus. Par contre, le ou les parents dégagés de cette responsabilité jouissent alors de temps pour eux-mêmes, qu'ils peuvent consacrer à des sorties, à du travail ou tout simplement à se reposer. Se libérer des enfants à certains moments permet de se rendre plus disponible quand on s'en occupe.

Les ateliers communautaires

On connaît déjà le succès de certaines cuisines communautaires, où les gens font ensemble leurs achats puis préparent des repas pour leurs familles. Il est aussi possible de s'organiser pour faire en commun ses conserves ; le groupe peut alors acheter au prix du gros les fruits et légumes de son choix et transformer cette corvée en une fête collective. La formule peut s'étendre à bien d'autres domaines : atelier de réparation de bicyclettes, de fabrication de meubles, de couture, etc. Quand un équipement ne sert pas souvent, il devient avantageux de se mettre à plusieurs pour en partager les coûts. En plus de fournir local et outils, l'atelier peut servir de lieu à l'organisation de cours et permettre à ceux qui ont moins d'expérience d'apprendre de ceux qui savent.

Ce ne sont là que quelques exemples de ce qui peut se faire au plan communautaire. Quantité d'autres réalisations sont possibles — caisse d'économie locale, magasin coopératif, salle d'étude commune, club d'information et de discussion... ; on trouvera à l'annexe II une proposition originale de création d'« entreprises paroissiales ».

En mettant en commun ses ressources, on peut se donner des services moins coûteux, mieux adaptés aux besoins de la communauté et sous son entier contrôle. Ces services offrent davantage : en renforçant le sens communautaire et en augmentant le sentiment de sécurité des gens, ils contribuent à créer des aires d'épanouissement et de liberté.

CHAPITRE XIII

Accroître son autonomie

NOS SOCIÉTÉS dites développées sont avant tout des sociétés mercantiles : on y trouve sur le marché tous les biens et les services susceptibles de répondre aux besoins et aux goûts les plus divers. La clé pour y accéder : l'argent. Donc, nous en dépendons, mais nous dépendons aussi de celles et de ceux qui dispensent les services, et qui le font pour de l'argent. Les objectifs des dispensateurs de services et ceux des utilisateurs ne sont pas les mêmes : les premiers veulent faire de l'argent, les seconds cherchent à satisfaire un besoin. On nous raconte que les mécanismes du marché permettent de parvenir à un équilibre où les deux trouvent leur profit : car celui qui ne donne pas un bon service sera éliminé aux dépens d'un autre qui en fournit un meilleur. À longue échéance, c'est peut-être vrai ; mais dans le quotidien, c'est le consommateur qui expérimente le service et qui prend un risque. Quand un chirurgien commet des erreurs à répétition, il est probable que l'hôpital où il pratique prendra finalement des dispositions pour l'écarter de la salle d'opération ; il aura néammoins fallu qu'un certain nombre de patients subissent son incompétence pour qu'on s'en rende compte.

En fait, plus nous dépendons des autres pour satisfaire nos besoins, plus nous perdons le contrôle de la qualité du service reçu. La standardisation de certains produits fabriqués en série est telle qu'on peut s'attendre à une qualité égale d'un exemplaire à l'autre. Mais quand il s'agit de services, c'est bien différent ; et il en va de même pour beaucoup de produits, notamment les denrées alimentaires.

Une plus grande autonomie ne conduit pas nécessairement à l'isolement ou à l'égoïsme, bien au contraire : la personne qui a appris comment combler plusieurs de ses besoins saura plus facilement être utile aux autres ; et il lui sera alors plus facile de créer des liens avec son entourage. Par ailleurs, il y a toujours des limites à ce que l'on peut faire soi-même ; les diverses compétences qu'on développe deviennent une monnaie d'échange précieuse pour obtenir des services en dehors du réseau commercial.

S'il existait une volonté collective de favoriser le développement de l'autonomie, plusieurs actions pourraient être entreprises. Dans le domaine alimentaire, l'organisation de cours de jardinage biologique, l'aménagement de potagers communautaires, l'ensemencement de plans d'eau proches des villes avec des variétés de poissons comestibles, la plantation de noyers dans les parcs et les forêts pour la récolte des noix : autant d'exemples d'actions possibles. Pour le logement, en plus de favoriser la formation de coopératives, on pourrait mettre sur pied des ateliers collectifs qui fourniraient lieux, outils et moniteurs pour la fabrication et la réparation de meubles, de jouets, d'appareils domestiques et d'autres objets utilitaires. L'organisation de cours d'autoconstruction serait utile, de même que la municipalisation de certaines forêts pour rendre plus accessible le bois de construction et de chauffage.

L'autonomie complète mène à l'autarcie, c'est-à-dire la capacité de répondre soi-même à la totalité de ses besoins. Il est possible d'arriver à cet extrême, mais au prix de beaucoup de travail et de renonciation, surtout quand on refuse même les technologies modernes comme l'électricité. Certaines personnes vivent en autarcie pendant une période plus ou moins longue, parce qu'elles ressentent le besoin d'une telle expérience pour mieux se connaître, pour réfléchir ou pour d'autres raisons personnelles. Mais je ne crois pas que ce soit une voie souhaitable et réaliste pour la majorité des gens. Par contre, on peut choisir d'être plus ou moins autonome. Si on souhaite acquérir une plus grande autonomie — avec la possibilité de vivre avec beaucoup moins de revenus — il vaut mieux envisager de s'installer en milieu rural. On peut y réduire au minimum les coûts du logement, du chauffage, des vêtements et de l'alimentation.

Pour qui veut développer son autonomie, la première décision à prendre est d'éviter le crédit à la consommation — l'achat à paiement différé ou l'utilisation de cartes de crédit pour faire immédiatement des achats qu'on paiera plus tard. En ne se procurant que ce qu'on peut payer tout de suite, il en coûte moins, on vit en fonction de ses revenus ou de ses épargnes et on n'hypothèque pas son avenir.

Renoncer au crédit constitue sans doute un domaine clé dans la conquête de son autonomie ; la santé, l'alimentation, le bricolage en sont d'autres où l'on peut faire soi-même beaucoup. Il y a aussi tout le champ des études qui mériterait réflexion : faut-il suivre un cours à l'université pour qu'il soit valable ? Faut-il même nécessairement s'inscrire à des cours pour se perfectionner ? En fait, il s'agit de reprendre en mains tous les aspects de sa vie. Sans nécessairement rejeter d'emblée toutes les « commodités » qui nous sont offertes, il est nécessaire de les considérer d'un œil critique et de se demander si nous ne pourrions répondre mieux nous-mêmes à nos besoins.

Je ne voudrais pas clore ce chapitre sans parler de la responsabilité des parents par rapport au développement de l'autonomie chez leurs enfants.

Arriver à ce que ses enfants deviennent des êtres autonomes est une entreprise de longue haleine. Ce n'est pas parce qu'un jeune atteint l'âge de 18 ou 20 ans qu'il est automatiquement prêt à prendre son envol ; on voit d'ailleurs de plus en plus de jeunes qui « collent » à la maison et persistent dans la vingtaine avancée à compter sur leurs parents pour satisfaire leurs besoins les plus élémentaires. Bien sûr, certains jeunes peuvent, dans un tout autre esprit, partager avec leurs parents le même logement ; mais alors chacun apporte sa contribution aux frais ou à l'entretien.

Je vois deux conditions au développement de l'autonomie : la volonté de se prendre en charge et des connaissances pertinentes pour le faire. Pour vouloir se prendre en charge, il faut avoir confiance en soi et se sentir responsable de sa vie ; mais il est aussi nécessaire de savoir concrètement comment faire pour répondre soi-même à ses besoins. D'un côté comme de l'autre, l'influence familiale est capitale. Les parents qui ont eux-mêmes une attitude de dépendance, qui ne font jamais confiance à leurs enfants ou les dégagent de toute responsabilité, qui les forcent à se cantonner très tôt dans leurs études ou dans la pratique d'un sport de compétition, ne préparent certainement pas leur progéniture à une vie autonome.

Attitudes et savoir-faire se transmettent dans la vie de tous les jours. Trois domaines me paraissent prioritaires :

– **La santé** : souvent, les jeunes commettent des abus sans en ressentir d'effets immédiats ; il est important de leur faire comprendre la nécessité d'équilibrer leur vie pour qu'ils prennent dès maintenant la responsabilité de leur santé.

C'est dans l'enfance qu'on développe ses attitudes fondamentales par rapport à la maladie ; quand les parents courent à l'urgence de l'hôpital à la moindre fièvre, quand ils tiennent à consulter le spécialiste aussitôt qu'apparaît un malaise et lorsqu'ils recourent à l'aspirine ou à d'autres médicaments dès qu'un membre de la famille se plaint d'un symptôme quelconque, il est bien évident que les enfants ne peuvent que manifester une confiance exagérée dans une médecine qui est justement mal préparée à répondre à ces situations.

– **L'entretien de la maison** : que de jeunes s'en vont en appartement, en couple ou comme colocataires, sans connaître l'abc des tâches domestiques : lessive, cuisine et ménage ! Ils se débrouillent comme ils peuvent, souvent plus mal que bien, recourant à des solutions coûteuses (pour l'alimentation entre autres) alors qu'ils ont peu d'argent, ou se fiant exagérément sur les autres, ce qui engendre des conflits. Je n'ai pas à insister sur le fait que les tâches doivent être partagées sans tenir compte du sexe ; beaucoup de parents « traditionnels » ont encore de la difficulté à s'adapter aux nouvelles réalités et à habituer aussi bien les filles à la manipulation du marteau et de la scie que les garçons à l'achat et à la préparation des aliments. Garçons et filles bénéficieraient aussi de se familiariser avec la gestion d'un budget.

– **La solidarité et les liens communautaires** : c'est en le vivant qu'on développe son sens communautaire. Les jeunes qui y parviennent le plus facilement sont ceux qui ont la chance de se trouver dans une famille ouverte, où l'on héberge à l'occasion un ami ou un parent en difficulté, où l'on se retrouve parfois avec plusieurs invités à refaire le monde autour de repas animés, où une partie du temps des adultes est consacrée à l'action sociale. Ce genre de foyer donne aux enfants une ouverture d'esprit qui stimule l'engagement communautaire.

L'éducation à l'autonomie embrasse aussi d'autres domaines ; en fait, c'est une attitude globale à transmettre. Les jeunes ne sont pas impressionnés par le prêchi-prêcha, mais par les actes de ceux qui ont la responsabilité de leur éducation. Et malheureusement, beaucoup de parents aujourd'hui lancent le message que l'argent constitue la valeur suprême, la clé maîtresse pour accéder au bonheur ; ils s'échinent donc à gagner le plus d'argent possible de telle sorte que leurs enfants « ne manquent de rien ». Effectivement leur progéniture est matériellement comblée : vêtements à la mode, activités sportives coûteuses, accès à l'automobile dès l'adolescence, etc. ; mais ces enfants sont privés de l'essentiel, c'est-à-dire de vivre des expériences significatives avec leurs parents ; ils ne les voient pratiquement jamais et ils ne font rien d'autre avec eux que consommer. Ils n'ont donc pas l'occasion d'apprendre l'essentiel : comment conquérir sa liberté, aussi bien individuelle que collective.

Chapitre XIV

Se libérer du système

Nos sociétés industrialisées sont aujourd'hui organisées de telle sorte que beaucoup ont perdu la liberté de vivre à leur goût, de s'épanouir pleinement, de pouvoir dire non, de se tenir debout, de sortir du rang, de cesser de se soumettre en laissant les autres prendre les décisions à leur place, de croire que le changement est possible et d'y travailler sincèrement. Pour la reconquérir, il leur faudrait s'affranchir des multiples contraintes qui les entravent. Cela ne veut pas dire se débarrasser de ses responsabilités sociales — c'est déjà ce qui se produit trop souvent avec l'hégémonie du moi qui caractérise notre société —, mais plutôt se libérer de l'obligation de gagner beaucoup d'argent, s'affranchir des modes et des courants d'idée qui forcent à renoncer à ses différences et parvenir à un esprit communautaire véritable, où l'on ait le goût et la possibilité d'œuvrer avec les autres quand il le faut.

Il ne faut pas confondre libéralisme et liberté. Le libéralisme est la liberté pour les puissants d'accroître encore plus leur pouvoir, c'est la loi du plus fort.

Etre une femme ou un homme libre n'est pas facile. D'une part, se vouloir libre entraîne des déchirements constants, car il faut toujours se remettre en question et se demander si la voie choisie est la bonne ; un chemin tout tracé par un gourou, un parti politique ou un dictateur dispense de cet effort. Sans doute y a-t-il là une explication au fait que tant de personnes acceptent si facilement de perdre leur liberté. D'autre part, l'autonomie caractéristique d'un être libre est difficilement compatible avec la sécurité d'emploi ; c'est d'ailleurs l'insécurité financière qui empêche beaucoup de personnes d'assumer pleinement leur liberté.

La liberté est l'affaire de toute une vie. Chaque décision que nous prenons nous remet en cause. Choisir la liberté, c'est choisir la ligne du risque. Pourtant, il n'y a rien d'essentiel dans la vie, tout pourrait se passer autrement. Il n'y a que des occasions qui se présentent, que nous saisissons ou non. Mais que nous allions d'un côté ou de l'autre, que nous saisissions ou non l'occasion qui s'offre à nous, nous devons faire un choix et par conséquent dire non à quelque chose. Quoi qu'on puisse en penser, nous agissons toujours, même en choisissant de ne pas agir ; car alors, nous laissons faire et ce sont d'autres forces qui agissent. Qui ne dit mot consent, qui n'agit pas laisse agir.

Accéder à la liberté, c'est se donner du temps pour s'épanouir soi-même et pour contribuer à améliorer la société, ce qui en retour élargira les possibilités de s'épanouir.

D'abord en prenant le temps de vivre, d'être, ce qui permet d'apprécier certains moments exceptionnels et d'en jouir. Rêver. Faire l'amour. Écouter de la musique en état de pleine disponibilité. Préparer un bon repas et le déguster lentement. Découvrir un paysage renversant, communier avec la nature. Se laisser aller à ses émotions. Prendre un petit enfant dans ses bras et se laisser imprégner par son innocence. Se sentir une heure le dieu du stade. Chacun peut trouver des expériences qui lui permettent de s'élever au dessus de sa condition habituelle ; mais encore faut-il être disponible pour saisir l'occasion et surtout pour la créer.

S'épanouir, c'est aussi s'ouvrir à autre chose, apprendre, arriver à maîtriser des techniques qui ensuite permettent de créer. C'est penser, réfléchir, développer sa conscience. C'est élaborer et réaliser des projets.

Il n'y a pas de liberté sans un certain nombre de contraintes ; car l'être humain est social, et ses relations avec les autres entraînent nécessairement des obligations. Mais l'être libre choisit la plupart de ses contraintes ; il le fait en connaissance de cause parce qu'il sait que ce qui peut limiter sa liberté à certains moments doit être accepté pour l'étendre à plus longue échéance. Ainsi, quand on choisit d'avoir un ou des enfants, cette décision entraîne une foule de responsabilités ; comme m'a dit mon fils quelques mois après la naissance de son garçon, « avoir un enfant n'amène pas que quelques bouleversements dans ta vie, ça change *toute* ta vie ! ». Établir une relation d'amour ou d'amitié avec quelqu'un comporte aussi de multiples exigences, mais offre tellement en retour. De même, s'engager dans des actions de solidarité requiert temps, patience et compassion, mais peut-on s'en dispenser quand on constate l'ampleur des besoins ?

La liberté peut aussi signifier aller au bout de ses convictions et accepter, pour défendre ses idées, de se mettre en marge de lois jugées iniques, de dire non aux autorités et même de courir le risque de perdre pour un temps sa liberté physique en se retrouvant en prison, par exemple.

De plus en plus de gens réalisent qu'il faut s'écarter d'un système social qui n'a plus de sens, ni pour eux, ni pour l'ensemble de la planète. Que faire alors ?

Certes, je l'ai déjà dit : nous avons besoin de rien de moins qu'une révolution ; pour nous permettre de sortir de la direction mortifère que prennent nos sociétés industrialisées, des changements draconiens s'imposent. On associe fréquemment la violence à la révolution. Mais avoir recours à la violence serait nous exposer à bien pire encore que la situation actuelle. On peut faire la révolution en employant divers moyens non violents ; et ce n'est pas là se réfugier dans la passivité, bien au contraire.

Pour changer tout ce que nous réprouvons, nous avons besoin que des gens se décident et posent des gestes concrets qui nous mènent là où nous voulons aller, et non là où nous conduit la petite minorité qui tire actuellement profit du système. Pour l'instant, il n'existe pas de mouvement populaire puissant qui pourrait élaborer une stratégie d'action non violente de masse. Les syndicats et certains groupes populaires entreprennent à l'occasion des actions non violentes

— grèves, boycotts, manifestations... ; ce sont là cependant des gestes ponctuels visant un gain concret, mais qui ne relèvent pas d'une stratégie d'ensemble. Utiliser la non-violence active pourrait nous mener beaucoup plus loin dans la transformation de la société; mais nous n'y sommes pas encore prêts. Trop peu de gens encore réalisent les effets destructeurs du système.

Tout de même, un nombre croissant de personnes n'acceptent plus de se laisser endormir et cherchent les moyens d'arrêter cette course vertigineuse de nos sociétés vers leur destruction et celle de notre environnement.

Un premier geste à faire est certainement de « débarquer du train »; nous avons exploré dans ce livre des façons de le faire. Prendre ses distances par rapport au système n'est pas seulement un moyen d'accroître sa marge de liberté et ses possibilités d'épanouissement: c'est un geste qui a également des répercussions sociales et politiques et qui contribue à provoquer l'inévitable remise en question globale de notre société.

Dans la transformation individuelle se situe le fondement le plus solide à toute transformation sociale. Je crains les mouvements ou les modes qui s'imposent trop rapidement, sans s'appuyer sur une profonde réflexion. Les instruments qui provoquent ces changements brusques peuvent demain en amener d'autres qui ne sont pas nécessairement souhaitables. Ainsi, la « révolution verte » a fourni les moyens d'augmenter considérablement et rapidement la production de céréales dans le tiers monde, mais elle a abouti à l'appauvrissement des petits paysans, à la fragilisation des récoltes, à la surutilisation de l'eau, à l'augmentation de la dépendance par rapport aux pays industrialisés et à la disparition de nombre de précieux cultivars.

Pour diverses raisons, en particulier toutes ces théories autour de l'inconscient collectif et des champs morphogénétiques [1], j'attribue beaucoup d'importance à l'intention : que notre volonté d'échapper à l'emprise du système se veuille un effort pour le changer en profondeur.

Ceux qui sont conscients, et je crois bien en être, doivent tout faire pour sonner l'alarme. Aller jusqu'à des gestes désespérés ? Cela servirait peu ; les gens sont insensibilisés et rien ne réussit à les émouvoir longtemps. Que j'entreprenne un jeûne illimité ou que je me fasse brûler sur la place publique, je ferai les manchettes pendant quelques jours au plus, mais ensuite mon geste sera oublié et la vie continuera comme avant. Il faut travailler à longue échéance, même s'il y a urgence d'agir, il est important de sensibiliser, de conscientiser et d'amener le plus de gens possible à changer leurs valeurs et leurs comportements. Ce n'est que si l'on peut compter sur la collaboration d'autres personnes ayant les mêmes objectifs qu'on pourra réussir. Les forces contre lesquelles nous luttons sont tellement considérables...

Le mieux qu'on puisse espérer, dans l'immédiat, est de créer des îlots d'une « nouvelle société », qui mettent en lien les gens qui ont compris l'étendue des transformations à apporter et qui fassent tache d'huile, en

---

1. Voir Rupert Sheldrake, *The Rebirth of Nature*, Bantam Books, New York, 1991.

souhaitant qu'ils se multiplient assez pour un jour s'imposer et gagner l'adhésion de la majorité des gens. Donc, il s'agit de travailler, dans des initiatives locales, à la reprise en charge des communautés par elles-mêmes. Fonder des communautés marginales comme la Cité écologique de l'ère du verseau ? J'ai beaucoup de craintes vis-à-vis de telles formules : ce sont les mêmes ingrédients qui permettent le succès de ce genre d'entreprises qui finalement provoquent leur perte. Il faut beaucoup de mysticisme, d'idéalisme, de fanatisme même pour entreprendre, dans une société où l'idéologie dominante est si puissante, un projet de ce type ; et à un moment donné, ces caractéristiques qui animent les membres rendent la vie à l'intérieur de la communauté irrespirable et amènent son éclatement.

En somme, la responsabilité de changer le système incombe à toutes celles et à tous ceux qui prennent conscience de ses défauts majeurs et des énormes risques qu'il présente pour la survie de l'humanité. C'est également ce que pense l'économiste britannique James Robertson :

> Ce que je crois, c'est que la révolution post-industrielle prendra d'abord et avant tout la forme d'une transformation non violente de la société, transformation dans laquelle presque chacun aura un rôle constructif à jouer.
>
> La révolution post-industrielle peut se produire de cette manière parce que la société industrialisée est en train de s'écrouler et parce que les gens commencent à lui voir une meilleure alternative. Cela peut

> arriver ainsi parce que de plus en plus de gens commencent à comprendre qu'en se libérant eux-mêmes d'une dépendance excessive envers le système des institutions que la société industrialisée a créées, ils peuvent jouir d'une meilleure vie pour eux-mêmes et aider d'autres gens à faire de même.
>
> Dans chaque secteur de nos vies se trouve une multitude de moyens que nous pouvons initier — nombreux sont ceux qui ont déjà commencé —pour nous libérer nous-mêmes et les uns les autres. Pas besoin d'essayer de détruire le système actuel ou d'en prendre le contrôle. Ce sera suffisant de lui retirer notre soutien[2].

Donc, d'abord se libérer soi-même ; vivre, expérimenter. Reprendre le pouvoir sur sa vie. Réfléchir et amener les autres à en faire autant par la parole et l'action. Identifier celles et ceux qui s'engagent dans la même direction que soi et s'entraider, s'encourager mutuellement. Ainsi se créeront ces îlots dont j'ai parlé plus haut, qui progressivement, s'élargiront et serviront de germe à une nouvelle société plus en accord avec nos véritables besoins.

La voie la plus accessible et la plus rapide pour se libérer des contraintes extérieures me semble être celle de la « simplicité volontaire », qui consiste à renoncer à certains types de consommation pour se rendre disponible à autre chose qui favorise son épanouissement. C'est un passage de l'avoir et de la consommation à l'être.

---

2. James Robertson, *The Sane Alternative,* publié à compte d'auteur, 1983 , p. 122.

CHAPITRE XV
La simplicité volontaire

NOUS POURRIONS vivre fort différemment et en même temps combler tous nos besoins essentiels, nous pourrions aussi être plus heureux qu'actuellement. Et devant les changements importants qui se font dans le monde — l'épuisement de certaines ressources naturelles, l'augmentation de la population, la mise au point d'armes de plus en plus puissantes, l'augmentation de l'écart entre pays riches et pays pauvres, etc. —, il est clair que ce n'est ni en cherchant des boucs émissaires ni en se fermant les yeux qu'on affrontera le mieux l'inévitable.

Dans les chapitres précédents, nous avons exploré diverses pistes qui s'offrent à nous pour hâter et surtout, pour rendre plus faciles les changements qui s'imposent. Nous pouvons modifier notre style de vie par petites touches, au fur et à mesure que nos convictions se raffermissent. C'est cependant fort difficile, car chaque voie est constamment et abondamment piégée ;

de nouveaux problèmes surgissent, de nouveaux objets de consommation nous sont offerts et la facilité est toujours séduisante. Au cours des ans, j'ai croisé et connu beaucoup de personnes qui semblaient déterminées et profondément engagées dans une direction et qui, à peine quelques années plus tard, ont brusquement changé de cap.

Comme le dit si bien Fromm, « il est extrêmement difficile pour un homme d'être remué par une idée et de saisir une vérité. Pour cela, il lui faut surmonter à la fois une force d'inertie profondément enracinée, et la peur de se tromper ou de s'écarter du troupeau. Le seul fait de connaître d'autres idées ne suffit pas, même si ces idées sont justes et puissantes[1]. » Il poursuit en affirmant que « ceux qui énoncent des idées — et pas nécessairement des idées neuves — et qui, en même temps les vivent, nous pouvons les appeler prophètes [...] L'homme qui se sent responsable n'a donc pas d'autre alternative que de devenir prophète [...] Le rôle du prophète est de montrer la réalité, de montrer les choix et de protester ; son rôle est de parler haut et fort, pour réveiller l'homme de son demi-sommeil habituel. »

Dans ce monde désespérant, nous avons besoin de prophètes, nous avons besoin que tous ceux qui deviennent conscients s'engagent. Je vous convie tous à devenir prophètes ! Ou bien pionniers, selon l'appellation de Warren Johnson, ces gens « qui accomplissent la tâche essentielle pour notre avenir de développer des nouvelles habiletés et des moyens de vivre qui fourniront des modèles pour les autres à mesure que les

1. Erich Fromm, *De la désobéissance,* Laffont, Paris, 1983, p. 43.

circonstances forceront une proportion croissante d'entre nous à aller dans cette direction[2]. » C'est certainement un excellent moyen de donner un sens à sa vie.

Une voie me semble toute tracée : celle d'adopter la « simplicité volontaire », une façon de vivre qui intègre les valeurs et les comportements décrits dans ce livre. Dans beaucoup de cultures traditionnelles, on vit déjà dans une grande simplicité, dont malheureusement le mirage du pseudo-développement en amène plusieurs à se détourner, mais que par ailleurs, comme le souligne le journaliste mexicain Gustavo Esteva, bon nombre de ceux qui ont « goûté » au développement travaillent à retrouver[3]. La simplicité *volontaire*, pour sa part, est une voie qui convient à ceux qui ont connu la surconsommation, ont pris conscience de ses effets et choisissent de retourner à l'essentiel.

Il ne faut pas confondre simplicité volontaire et pauvreté ; cette dernière vient de circonstances qui sont imposées et la condition qui en résulte est pénible. Quand on choisit volontairement de vivre sobrement, il en va tout autrement. On ne vit pas de frustration, puisqu'on ne se prive pas d'un bien, mais on choisit plutôt de le remplacer par autre chose qui apporte davantage. Ce dépouillement laisse plus de place à la conscience ; c'est un état d'esprit qui convie à apprécier,

---

2. Warren Johnson, *Muddling Toward Frugality,* Shambala, Boulder, 1978, p. 192.

3. Voir à ce sujet « Au-delà du développement », de Gustavo Esteva dans Wolfgang Sachs et Gustavo Esteva, *Des ruines du développement,* Éditions Écosociété, Montréal, 1996.

à savourer, à rechercher la qualité ; c'est renoncer aux objets qui alourdissent, gênent et empêchent d'aller au bout de ses possibilités. « Ce n'est pas la richesse qui fait obstacle à la libération, mais l'attachement à la richesse ; ce n'est pas non plus le plaisir que procurent les choses agréables qui est condamnable, mais le désir ardent de les obtenir », écrit Schumacher[4].

La simplicité volontaire, quand elle entraîne la non-utilisation ou la non-possession de quelque chose, implique un choix : ne pas adopter tel comportement ou ne pas acheter tel objet implique un autre choix qui procure aussi une satisfaction, ne serait-ce que celle d'être fidèle à ses principes ou aux engagements qu'on s'est donnés.

Choisir de ne pas utiliser tel service, de ne pas céder à telle mode, de consommer autrement et à moindre coût, tout cela relève d'actes de lucidité et de conscience et non de la fatalité. De toute façon, quand on s'engage volontairement sur cette voie alors qu'on sait qu'on pourrait faire autrement, on domine la situation au lieu d'être dominé par elle. Si la direction que l'on prend ne convient plus à un certain moment, il y est toujours possible de la rectifier. Ce n'est pas une décision irrévocable, relevant d'un radicalisme qui interdit quelque concession que ce soit ou d'une règle rigide de laquelle on ne peut jamais déroger. La simplicité volontaire est un chemin sur lequel on s'engage peu à peu, duquel on s'écarte parfois sans se morigéner ; un chemin qu'on poursuit parce qu'il nous mène là où nous voulons aller, parce qu'il nous satisfait.

---

4. *Op. cit.*, p. 57.

Simplicité n'est pas non plus ascétisme ; c'est même presque son antithèse. L'ascète se prive volontairement des plaisirs de la vie matérielle dans sa recherche d'une vie spirituelle plus intense ; l'adepte de la simplicité volontaire ne fuit pas le plaisir ou la satisfaction, au contraire puisqu'il cherche à s'épanouir pleinement, mais il a compris qu'il ne peut y arriver par les voies que lui offre la société de consommation.

La peur s'avère sans doute l'obstacle le plus important à un engagement franc dans la simplicité volontaire. Peur de ce que les autres penseront quand ils nous verront nous éloigner de la « grande vie », peur d'être marginalisés, insécurité surtout quant à l'avenir, car en cette époque individualiste, nous avons été habitués à penser chacun pour soi, à ne compter que sur nos propres ressources quand arrivent les coups durs. Qui voudra bien m'aider si je n'ai plus d'argent, qui prendra soin de moi quand je serai vieux ? On se capitonne alors de polices d'assurances, on adhère à un régime de retraite à toute épreuve, on met de l'argent en banque. Quand l'avenir sera assuré, on pourra alors se permettre de vivre plus librement, alors il ne sera plus nécessaire de travailler autant. Mais année après année, on monte la barre, on estime qu'on n'a pas assez d'argent en réserve et on continue le même style de vie.

Bien sûr que si du jour au lendemain on quitte son emploi, on vend son auto, on abandonne son condo et on essaie de ne consommer que ce que l'on peut produire soi-même, la catastrophe ne sera pas longue à survenir. Mais faut-il le dire encore, la simplicité volontaire est un chemin sur lequel on avance progressivement. Ce n'est pas une fin, mais un moyen pour arriver à un mieux-être et non à une catastrophe. Avec le temps, on peut s'y engager davantage et grâce aux moments de liberté dont on dispose désormais, développer les liens de solidarité qui donnent la sécurité affective nécessaire. Et comme l'éventail des besoins matériels rétrécit considérablement, l'équilibre financier est de moins en moins fragile.

On ne quitte pas facilement l'univers de la surconsommation. En effet, tout porte aujourd'hui à trouver dans une forme de consommation ou l'autre la solution à ses problèmes, la satisfaction de ses désirs ou plus de bonheur. Ce n'est pas sans raison que toutes les loteries ont tellement de succès : « Si je gagnais le gros lot, je pourrais me payer tout ce que je veux et je serais parfaitement heureux. » Le résultat n'est cependant jamais à la hauteur des aspirations. Ce qui était si ardemment désiré perd de son intérêt une fois acquis, les besoins profonds n'étant jamais comblés par les biens matériels. Mais l'entreprise de séduction des promoteurs de la consommation se poursuit inlassablement et les gens continuent à tomber dans le piège.

Je le répète, il ne s'agit pas de se lancer dans une vie héroïque, dépouillée et misérable. Il y a moyen de vivre sobrement et de s'épanouir ; c'est même probablement la voie qui y conduit le plus facilement.

Dans les sociétés occidentales industrialisées, beaucoup de gens disposent de ce qui me semble constituer les conditions de base pour opter pour la simplicité volontaire :

1 – **La saturation de la consommation** : pour pouvoir sereinement tourner le dos à la surconsommation, il faut y avoir goûté et avoir réalisé à quel point la plupart des objets de consommation qui nous sont offerts n'aident pas au bonheur. Une personne qui n'a jamais eu une automobile (elle ou ses proches) idéalise presque toujours les avantages possibles de ce mode de locomotion. Quelqu'un qui se sent privé de ce qu'il considère essentiel ou extrêmement valorisant ne peut facilement s'en passer lorsqu'il possède enfin les moyens de se le procurer. Par contre, nombreux sont ceux qui, sans avoir essayé tous les gadgets disponibles, ont suffisamment été en contact avec les « fruits » de notre civilisation pour savoir ce qu'on peut en tirer.

2 – **La richesse collective** : nous possédons une gamme étendue de programmes sociaux qui peuvent servir de coussin si par malheur un individu ne réussit pas à se tirer lui-même d'affaire ; et nos abondantes ressources naturelles de même que le degré de productivité que nous avons atteint dans certains secteurs sont une richesse collective indiscutable qui permet une certaine redistribution en faveur des plus défavorisés.

3 – **La technologie convenable** : le courant de sympathie pour l'autosuffisance et pour l'écologie a permis de développer de nombreuses technologies douces dans les secteurs de l'alimentation, de l'habitation, de l'énergie et même dans les soins de santé, de telle sorte qu'il est de plus en plus réalisable de se prendre en charge sans avoir à trop sacrifier dans son confort.

4 – **La masse critique** : tant que les gens qui optaient pour la simplicité volontaire n'apparaissaient que

comme des marginaux isolés, ils étaient presque un objet de réprobation sociale et ne trouvaient pas de support communautaire. Maintenant que de plus en plus de personnes se tournent vers cette option, la tolérance à leur endroit croît ; divers aménagements facilitent déjà la transition à celles et à ceux qui veulent tenter l'expérience, par exemple dans le domaine du travail où l'acceptation du temps partiel progresse rapidement dans certains milieux. Le nombre croissant d'individus qui choisissent ce mode de vie favorise la mise sur pied d'organismes communautaires qui permettent à chacun d'atteindre plus facilement ses objectifs.

Il y a une vingtaine d'années, Duane Elgin estimait déjà, au terme d'une vaste enquête sur la simplicité volontaire aux États-Unis, que près de 10 % des gens étaient plus ou moins engagés dans ce mode de vie, qu'il décrit comme une tendance « à baisser leur niveau global de consommation personnelle [...], à modifier leurs habitudes de consommation en faveur de produits qui sont durables, faciles à réparer, non polluants dans leur fabrication et leur usage, efficaces dans leur utilisation d'énergie, fonctionnels et esthétiques », etc. (il énumère 17 autres tendances), donc, une série de comportements qui se rapprochent de ceux que nous avons décrits[5].

La simplicité volontaire ne peut apparaître comme une option souhaitable qu'à partir du moment où nous arrivons à voir différemment nos besoins. « Il va sans

---

5. Duane Elgin, *Voluntary Simplicity,* Bantam Books, New York, 1981, p. 13.

dire, écrit Schumacher, que toute civilisation a besoin de richesse, d'éducation, de recherche et de bien d'autres choses encore, mais ce dont on a le plus grand besoin aujourd'hui, c'est de reconsidérer les fins que ces moyens sont censés servir. Et cela implique, par-dessus tout, de promouvoir un style de vie qui accorde aux choses matérielles leur place propre et légitime, c'est-à-dire la seconde place et non la première[6]. »

En fait, quand on y pense bien :

1 – La plupart du temps, nous n'avons pas vraiment besoin de tout cet argent que nous gagnons ; en conséquence, nous n'aurions pas besoin de travailler autant.

2 – Nous avons besoin de temps pour nous, pour relaxer, pour jouir, pour faire l'amour, pour être heureux.

3 – Nous avons besoin d'amitié et d'amour ; les assurances commerciales et les comptes en banque qui nous tiennent lieu de protection contre les malheurs futurs ne peuvent remplacer complètement la solidarité.

4 – Nous avons besoin de bouger, de jouer, de prendre contact avec la nature.

5 – Nous avons besoin de nous sentir engagés dans une cause, de nous sentir importants, de participer pleinement à notre milieu social.

6 – Du refus de surconsommer découle l'équilibre et la sérénité, car ce choix conduit à « être » et libère de l'avoir.

7 – Partager son temps, sa sympathie et sa compassion procure la vraie joie.

---

6. *Op. cit.*, p. 304.

8 – La fête est un plaisir quand elle est appréciée à sa juste valeur, ce qu'une trop grande fréquence rend impossible.

9 – La modération procure de la paix intérieure en donnant le sentiment d'harmonie avec sa propre conscience et avec l'environnement.

Remettre en question la surconsommation force à s'interroger sur les soi-disant progrès de la civilisation et entraîne le rejet, ou tout au moins la prudence, dans l'utilisation de plusieurs technologies. Certains y verront un retour en arrière ; mais il n'y a rien de répréhensible à vouloir retrouver des moyens qui, dans le passé, permettaient de mieux répondre qu'aujourd'hui aux besoins fondamentaux des gens.

En cette ère de communication où chaque jour il est possible, à partir de son salon, de pénétrer dans les coins les plus reculés du monde et de constater l'indicible misère qui affecte tant de populations humaines, on ne peut plus rester indifférent et continuer à se gaver égoïstement. Il n'est pas facile de trouver les moyens concrets de manifester sa solidarité internationale ; trop d'interventions ne servent finalement qu'à perpétuer sinon accentuer les profondes inégalités. Aussi, me semble-t-il que la contribution la plus appropriée consiste, pour le moment, à développer une relation au monde qui s'appuie sur les trois principes suivants :

1 – n'exploiter personne ;

2 – ne pas s'approprier plus que nécessaire pour combler ses besoins ;

3 – voir à ce que toutes ses actions et interventions se fassent dans le respect de la nature.

En agissant ainsi, nous ne contribuerons ni à perpétuer des inégalités inacceptables ni à détruire l'environnement qui constitue un patrimoine commun à la population du globe. Mais le seul fait de ne pas nuire n'est pas suffisant pour assurer notre survie, car les forces de destruction sont puissantes et progressent rapidement. Avant que les petites unités de conscience se multiplient et en viennent à consteller l'univers au point d'influencer le cours de l'histoire, nombre d'autres tragédies pourront survenir. Il faut aussi tenter de faire progresser l'humanité vers un nouvel équilibre.

Se changer soi-même et modifier ses comportements est la tâche primordiale qui incombe à chacun et que personne d'autre ne peut réaliser à sa place. Examiner attentivement leur vie quotidienne permettrait à beaucoup de gens de trouver des éléments compressibles dans leurs dépenses. Certes, cette décision n'est pas facile à prendre car on a adopté tel mode de vie pour satisfaire sinon un besoin, du moins une inclination. Mais on peut toujours évoluer, et ceux qui font des pas vers une plus grande sobriété le regrettent rarement. L'exagération de la consommation nuit souvent imperceptiblement à la santé et à la sensation de bien-être qui la caractérise. Les gens qui, par exemple, décident, au travail, d'apporter un lunch-santé au lieu d'aller manger au restaurant se sentent moins lourds l'après-midi et beaucoup plus en forme ; les personnes qui se déplacent à bicyclette acquièrent rapidement plus de résistance physique, stabilisent leur poids et sont moins tendues. Voici quelques exemples bien concrets :

– Mon ami Jean-Yves fut un jour atteint de tuberculose rénale. Il était très malade et dut quitter son emploi pour plusieurs mois. Après sa convalescence, son médecin lui recommanda de reprendre lentement son travail ; il négocia un mi-temps pour quelques mois. Mais avec un salaire coupé de moitié, il dut prendre quelques décisions. Il vendit son automobile et prit un logement plus petit. Plus tard, son médecin confirma ce qu'il savait déjà : il était complètement remis et pouvait reprendre sa vie d'avant. Mais Jean-Yves avait découvert que son nouveau style de vie le rendait beaucoup plus heureux : il avait plus de temps pour faire tout ce qu'il aimait, et même si son salaire était bien moindre, il lui restait plus d'argent qu'avant à la fin du mois. Il décida de continuer à travailler à mi-temps.

– David Ransom raconte, dans le *New Internationalist* de novembre 1997, comment le défi de la campagne *National Leave-your-car-at-home Day* l'a amené à décider d'acheter une bonne bicyclette pour parcourir la cinquantaine de kilomètres qui le séparent de son travail. Lui, qui à première vue, estimait la distance trop grande pour ses capacités physiques, s'est rendu compte qu'avec une meilleure bicyclette et en prenant son temps, il pouvait y parvenir. Depuis, il fait le parcours à bicyclette une fois par semaine, après avoir choisi un itinéraire qui lui permet d'être en contact avec la nature, de rencontrer des gens, de s'arrêter pour manger dans un endroit agréable. « Un "jour ordinaire de travail" n'aura plus jamais tout à fait la même signification, et je suis plus en forme que je ne l'ai été depuis de nombreuses années », écrit-il.

– Moi qui aime la lecture et qui possède déjà beaucoup de livres, je peux fort bien continuer à lire tout ce que je désire sans acheter un livre de plus, d'abord en lisant ceux que j'ai déjà (dont une bonne partie n'ont même jamais été ouverts !), ensuite en fréquentant ma petite bibliothèque municipale, qui emprunte à d'autres bibliothèques les livres que je veux et qu'elle n'a pas en mains. De plus, quand je m'y rends, j'ai l'occasion de rencontrer d'autres personnes du village et de les connaître. Certes, je ne peux lire dans la semaine qui suit les titres qui figurent sur la liste des succès de librairie des quotidiens ; mais y ai-je vraiment perdu ? La littérature a intérêt à décanter... Je continue à acheter des livres, mais je ne me les procure qu'après les avoir déjà lus, quand je sais que j'y retournerai et qu'ils me serviront plus d'une fois.

Depuis la première édition de ce livre, en 1985, des dizaines de personnes m'ont raconté comment, à la suite de sa lecture, elles avaient fait des changements importants dans leur vie qui leur avaient procuré des avantages totalement imprévus.

Comment donc passer à l'acte ? Je ne vais pas tenter d'identifier tous les moyens qui permettraient de vivre aussi bien avec moins d'argent. Il existe déjà beaucoup de livres là-dessus[7]. Et quand on cherche bien, on peut trouver une foule de ressources disponibles ; et

---

7. Notamment celui de Joe Dominguez et Vicki Robin, *Votre vie ou votre argent ?*, Éditions Logiques, Montréal, 1997.

chacun peut inventer ses propres moyens. Ce qui importe d'abord et avant tout, c'est de s'en convaincre, d'avoir la volonté ferme de s'engager dans cette voie ; les moyens pour y parvenir viennent ensuite. Mais pour faciliter la tâche à ceux qui souhaitent aller dans cette direction, je voudrais proposer le cheminement suivant.

1– **Réfléchir.** Josef Kirschner affirme que si l'on veut arriver à se débarrasser de ses habitudes de surconsommation, les recettes sont inutiles car il faut aller aux racines de soi-même pour mieux se comprendre et pour changer. Il propose les trois questions suivantes :

> – Si vous faites le bilan de ce que vous possédez et de ce que vous êtes, en avez-vous retiré plus de joies que de peines, au cours de l'année écoulée ?
>
> – Votre peur de perdre ce que vous possédez et ce que vous êtes est-elle plus grande que la joie que vous en retirez quotidiennement ?
>
> – Vivez-vous comme vous le désirez vraiment ? Ce que vous faites et ce que vous êtes ne vous empêchent-ils pas trop souvent de vous sentir totalement libre [8] ?

J'ajouterais cette autre série de questions :

– Que faites-vous de votre vie, la seule dont vous soyez assuré(e) ?

– Qu'est-ce que la vie vous offre actuellement et qui ne reviendra jamais, mais que d'une certaine façon vous esquivez — comme la disponibilité à l'endroit de vos jeunes enfants ?

---

8. Josef Kirschner, *Vivre heureux avec le strict nécessaire,* Le Jour, Montréal, 1983, p. 52.

– Qu'est-ce qui vous empêche réellement de faire aujourd'hui ce que vous aimeriez faire à votre retraite ?

– Quand vous mourrez, qu'emporterez-vous avec vous ?

– Quand vous serez mort, qu'aimeriez vous que les gens disent de vous ? Que vous aviez la plus belle tondeuse de la rue, la plus belle automobile ou la plus grosse maison ? Ou que vous étiez quelqu'un de bon, d'aimable...

2 – **Adopter certaines mesures radicales pour diminuer sa consommation.** Je crois que pour s'engager sérieusement dans la voie de la simplicité volontaire, il est nécessaire d'effectuer rapidement certains virages importants qui bouleversent ses habitudes au point que le quotidien en soit significativement changé. Couper des sorties, acheter moins de livres ou de disques, réduire son panier d'épicerie, refuser toutes les options « gadget » qu'offre la compagnie de téléphone, etc., tout cela permet certes quelques économies, mais au bout du compte ne change pas grand chose. Voici quelques mesures qui ont des chances de modifier en profondeur votre vie :

– vendre son automobile ;

– se débarrasser de son téléviseur ou l'enfermer dans une armoire et ne l'en sortir que pour de rares émissions bien choisies. Regarder la télévision ne coûte rien... sur le moment, mais c'est un outil formidable de conditionnement et de renforcement de la consommation ;

– détruire ses cartes de crédit, pour ne plus acheter que ce qu'on peut payer comptant.

3 – **Choisir ses relations.** En cherchant à diminuer sa consommation, on s'engage dans une direction qui va à contre-courant, on devient même, aux yeux des gouvernements qui veulent relancer la consommation, un mauvais citoyen ! Si on se tient avec des gens qui n'ont pas entrepris la même démarche, on risque de se compliquer la tâche : il faudra résister à de constantes sollicitations et se marginaliser fréquemment. On ne peut changer à volonté conjoints, parents et enfants, mais il est possible d'expliquer sa démarche à ses proches et d'obtenir leur appui, sinon totalement, du moins partiellement ; et il faut être prêt à faire, à l'occasion, des compromis, en particulier dans le rythme auquel on veut changer sa vie.

4 – **Se permettre des écarts.** Adopter la simplicité volontaire n'est pas se punir. Ivan Illich désigne cette voie du nom d'« austérité joyeuse ». De ce choix doit résulter un plus grand bonheur ; si ce n'est pas le cas, il faut se poser des questions. Peut-être se montre-t-on trop rigide ? Ou va-t-on trop vite ? Les gestes choisis sont-ils les bons ? Quand on se sent essouflé, il faut s'accorder un répit. Il ne s'agit pas d'arriver à se transformer en un être parfait sur tous les plans ; de toute manière, on peut réduire sa consommation sans jamais l'abolir totalement. Et on demeure un être humain ! Quoi de plus désagréable que ces gens dogmatiques qui veulent faire la leçon à tout le monde ? C'est d'ailleurs là la meilleure façon d'être un repoussoir. Si on a trouvé une voie qui nous convient, tant mieux ; respirons la joie de vivre et la sérénité et nous serons

beaucoup plus convaincants que par d'interminables discours ou des jugements péremptoires.

Un jour, et le plus tôt possible sera le mieux, il faudra que globalement nos sociétés industrialisées trouvent le moyen de diminuer significativement et radicalement leur consommation. En cette fin d'époque où nous vivons — notre ère passera probablement à l'histoire comme « l'âge du gaspillage » —, nous avons encore la chance de pouvoir préparer la nouvelle ère en choisissant les modes et les rythmes de passage. Si nous ne le faisons pas volontairement, l'humanité devra y arriver quand même un jour, lorsque les ressources feront défaut, quand l'équilibre écologique sera définitivement rompu, quand des peuples opprimés et privés de l'essentiel se rebelleront... Que ce soit à la suite de cataclysmes naturels comme des famines étendues, des pandémies dévastatrices ou par des actions humaines meurtrières comme des guerres impliquant de vastes populations, des accidents nucléaires en chaîne ou des désastres d'autres types, un nouvel équilibre s'instaurera forcément. À partir du moment où nous avons pris conscience de l'instant historique que nous vivons, nous n'avons plus tellement de choix. Ne rien faire n'est plus de l'ordre de la passivité, puisqu'en n'agissant pas immédiatement nous contribuons à aggraver les problèmes et nous les léguons à nos enfants qui seront encore moins en mesure que nous de les régler. Tant qu'à passer à l'histoire comme l'âge du gaspillage, pourquoi ne pas y laisser aussi notre marque en réussissant le passage vers un nouvel âge d'harmonie entre tous les humains et avec leur environnement?

Pour que cesse la quête de l'avoir, et c'est essentiel si nous tenons à notre survie, il faudra aider les gens à trouver d'autres moyens de se satisfaire que dans la consommation. Donc,

– permettre aux gens de se sentir en sécurité autrement que par l'accumulation de biens et d'argent;

– donner l'occasion à chacun de trouver sa place, de jouer son rôle dans la société;

– cesser d'accorder des privilèges liés à la richesse;

– fournir aux gens des occasions de valorisation non matérielle — dans les arts, l'éducation, les sports, etc., au lieu de développer constamment de nouveaux besoins.

Tout cela ne peut se réaliser sans que se produisent des bouleversements majeurs dans l'organisation sociale. Alors qu'actuellement elle repose sur l'avoir, comme nous l'avons vu, et qu'elle ne cesse de se tourner vers les économistes pour trouver les solutions à tous les problèmes — le journal *Le Devoir* a atteint la rentabilité à partir du moment où il a publié quotidiennement une importante section économique — il est évident qu'il faut revoir les valeurs fondamentales qui règlent nos rapports économico-sociaux. En fait, c'est véritablement une nouvelle société qu'il faut édifier.

Diverses voies s'offrent donc à celles et à ceux qui souhaitent bâtir une nouvelle société. C'est bien qu'il en soit ainsi, car nous ne sommes pas tous faits identiques et il existe des chemins qui conviennent mieux aux uns et aux unes qu'aux autres. Chercher sincèrement me semble la première clé. Les chemins différeront aussi parce que la fin n'est pas absolument claire ; la société à construire n'est pas prédéterminée. Ce n'est pas à quelques intellectuels — aussi bien intentionnés soient-ils — de décréter quelle doit être l'organisation sociale idéale. Nous progresserons ensemble en convainquant de plus en plus de gens de la pertinence de mettre au rancart beaucoup d'éléments de la société actuelle et nous évoluerons vers des façons de vivre que nous choisirons ensemble. Il est fort peu probable que nous arrivions ainsi à des structure rigides qui contraignent tout le monde à vivre de la même façon ; la liberté est une valeur trop fondamentale pour que nous la foulions aux pieds ; au contraire, la décentralisation, la conquête individuelle de l'autonomie et le jaillissement de la créativité ne peuvent conduire qu'à une diversité qui respecte celle des êtres humains. Même en tenant compte des contraintes écologiques et économiques, le droit à la différence demeure possible et surtout souhaitable.

Les diverse formes d'associations se révèlent certainement une excellente formule pour se donner les uns aux autres un soutien mutuel et des moyens d'accéder plus facilement et plus sereinement à une grande simplicité. Elles ne doivent cependant pas conduire à s'isoler en petits noyaux, qui ignoreraient ce qui se passe ailleurs. Il est d'une extrême importance que les personnes qui ont atteint un niveau de conscience plus élevé puissent en faire bénéficier le reste de la société. Tous les lieux sont indiqués pour se faire entendre. La société est un tissu d'intérêts, d'actions et de réseaux diversifiés et vivants qui lui donnent sa couleur et sa forme. Quand on veut changer le tissu, il faut modifier patiemment les fils qui le constituent. Que ce soit au sein des groupes d'intérêts généraux comme les mouvements écologiques, pacifistes et autres, parmi les regroupements autour de problèmes spécifiques comme les syndicats ou les associations d'assistés sociaux, dans les organisations de quartier comme les associations de loisirs ou les comités de citoyens, partout, il sera utile de se questionner, de réfléchir et de promouvoir l'être plutôt que l'avoir.

Annexes

I – Un contre-projet au système agro-alimentaire industriel

par Brigitte Pinard [1]

Dan Wiens a opté, comme un petit nombre d'agriculteurs canadiens, pour un modèle de production et de commercialisation alternatif. Ce modèle, baptisé en anglais *Community Supported Agriculture* ou bien encore *Community Shared Agriculture (CSA),* cherche encore son nom français... Une agriculture soutenue par la communauté, peut-être ? Un CSA repose sur l'établissement d'un lien direct entre un groupe de consommateurs et une ferme.

[...]

---

1. Extrait d'un article paru dans *Perspective,* vol. 8 n° 1, automne 1995.

Un CSA en bref

L'organisation économique d'un CSA est simple et radicalement différente d'une ferme conventionnelle. La récolte d'un CSA est vendue à l'avance sous forme de parts à un groupe de consommateurs. Durant la saison de production agricole, chacun reçoit une certaine quantité de produits frais, une ou deux fois par semaine. En achetant leur part, les consommateurs acceptent d'avance ce que la ferme produira durant la saison et donc, de partager avec l'agriculteur le risque d'une mauvaise récolte.

Contrairement au modèle dominant d'agriculture qui se caractérise par la spécialisation et la production à grande échelle, l'organisation d'un CSA exige la production d'une très grande variété de cultures à petite ou moyenne échelle. Les techniques d'agriculture biologique remplacent, dans la plupart des CSA, les pesticides et les fertilisants chimiques. La structure d'un CSA demande généralement peu de travail mécanisé, mais exige, par contre, une charge de travail manuel élevée.

Les « membres » sont invités à venir visiter la ferme et à participer, sur une base volontaire, à différentes tâches : préparation du terrain, désherbage, récolte, etc. Dans certains CSA, une portion du prix de la part peut être échangée contre un nombre d'heures de travail à la ferme. L'organisation d'un CSA peut inclure toute une liste d'activités sociales : journée d'information, repas communautaire, fête des récoltes, bulletin d'information, etc. Avant le début de la saison de production, les consommateurs déterminent la quantité et la variété de produits qu'ils aimeraient recevoir. Ainsi, l'agriculteur peut planifier sa production en fonction des goûts et des besoins des consommateurs.

La structure et le fonctionnement des CSA varient sur bien des aspects. Le nombre de parts par ferme peut aller d'une dizaine à plus de deux cents et le prix de celles-ci, de quelques centaines à près de mille dollars. Les produits peuvent être livrés à domicile ou déposés à un point de chute central. Les légumes sont généralement la principale composante des paniers, bien que fruits, œufs, légumineuses et autres denrées peuvent y être ajoutés.

En 1994, on comptait environ 400 fermes de type CSA aux États-Unis. Au rythme auquel ils se multiplient, on estime qu'il y en aura plus de 1000 d'ici cinq ans. Au Canada, on en dénombrait au moins une quarantaine en 1994, l'Ontario étant en tête de file.

[...]

Pour des échanges communautaires

La structure des CSA tisse des liens directs entre les consommateurs et les agriculteurs, entre la ville et le monde rural. [...] Ces liens permettent aux gens de la ville de reprendre contact avec la réalité quotidienne de la ferme et d'apprendre les rudiments de l'agriculture. Ils redonnent aussi un visage aux consommateurs, comme le souligne un agriculteur : « Nous sommes emballés de connaître ceux qui vont profiter du fruit de notre travail. Cultiver des légumes et des fruits a beaucoup plus de sens si on sait qu'ils vont être appréciés. »

[...]

Pour une sécurité financière et une viabilité économique

De la sécheresse à la grêle et à l'inondation, des insectes aux plantes nuisibles, l'agriculture cumule les risques inhérents à sa pratique. Dans le modèle d'agriculture dominant, ces risques sont assumés directement par l'agriculteur et indirectement par l'État au moyen de certains programmes comme celui de l'assurance-récolte. Les CSA offrent une toute autre façon de faire : il s'agit de partager les risques d'une mauvaise récolte entre l'agriculteur et un groupe de consommateurs. Le revenu de l'agriculteur est donc assuré avant même la période des semences.

[...]

En prenant soin d'ajuster la production aux besoins de ses membres, l'agriculteur garantit un marché pour toute sa production et réduit les risques de pertes. Les parts de la récolte étant payables d'avance, la ferme reçoit un revenu important avant le début de la saison de production. Cela aide à minimiser les besoins en crédit pour les frais d'opération de la ferme et donc à diminuer les risques d'endettement. L'engagement bénévole des membres dans les étapes de production et dans la livraison contribue à réduire les coûts de main-d'œuvre. L'utilisation de méthodes biologiques entraîne une diminution importante de la facture d'intrants, notamment les pesticides et fertilisants chimiques.

Pour un environnement rural en santé

[...]

En connaissant les besoins de sa clientèle et en n'ayant pas à vendre et à être compétitif sur les marchés conventionnels, l'agriculteur peut plus facilement concentrer ses efforts sur la qualité nutritive et le goût des aliments au lieu de se concentrer sur leur apparence — une des raisons d'emploi des insecticides — et leur endurance pendant le transport.

En créant des marchés pour les aliments biologiques produits localement, la formule des CSA encourage par le fait même l'agriculture biologique et l'agriculture locale, avec tous les avantages qu'on peut leur attribuer dans une perspective de développement durable. Pour Dan Wiens, les CSA permettent de court-circuiter le mégasystème d'agriculture actuel qui draine la vie des régions rurales.

II – Pour la création d'entreprises paroissiales

par Gérard Bernatchez[2]

Au lieu de s'en remettre aux travailleurs et aux commerçants des autres provinces et des autres pays pour s'alimenter, les Québécois pourraient remettre en culture les fermes abandonnées partout au Québec et réanimer nos centaines de villages qui se meurent. Nous pourrions ainsi récupérer, chaque année, plus de cinq milliards de dollars que nous dépensons en importations pour nous faire nourrir par les autres quand nous pourrions le faire nous-mêmes.

D'énormes capitaux de temps et d'argent sont disponibles dans chacune des paroisses du Québec : 78 milliards de dollars dans nos caisses populaires ; 55 millions en moyenne dans chaque caisse, et peut-être autant dans toutes les succursales des banques installées au Québec et qui réalisent des fortunes en jouant avec notre argent. Et nous avons aussi des milliards d'heures de travail disponibles qui pourraient produire pour des milliards de dollars de biens et de services si on s'organisait nous-mêmes pour les utiliser.

Nos campagnes désertées s'offrent à nous comme un merveilleux « chantier », un chantier en or pour investir nos immenses capitaux d'heures de travail disponibles au Québec. Nous n'aurions pas besoin d'emprunter pour ouvrir ce chantier comme nos gouvernements l'ont fait pour les chantiers des jeux

2. Extrait de « Québec, un vaste chantier collectif », texte inédit de Gérard Bernatchez, 30 C, rue Chambly, Ste-Victoire, J0G 1T0. (514-742-4169)

olympiques, des centrales électriques ou pour la construction de la plate-forme Hibernia. Nous pourrions, sans emprunter à l'étranger, lancer des milliers de petits chantiers, un dans chaque paroisse, en créant des dizaines de milliers de petites entreprises mutuelles ou de coopératives paroissiales. L'argent, nous l'avons.

Au lieu de dépenser des milliards de dollars pour garder branchés sur l'assistance sociale les 37 000 fermiers survivants en attente de décrocher et les 43 000 producteurs de céréales de l'Ouest assistés de l'oxygène de nos subventions, nous pourrions les recycler dans l'agriculture écologique et d'autosuffisance.

Un grand nombre des 800 000 travailleurs sans emploi déclarés aptes au travail et plusieurs centaines de milliers de retraités désireux de se sortir de leur isolement forcé et de se libérer de leur statut d'êtres inutiles seraient heureux de se voir ouvrir de tels chantiers et d'avoir l'occasion de travailler avec les plus jeunes pour les faire profiter de leur expérience.

Les 12 milliards qu'Ottawa a investis dans le financement des petites et moyennes entreprises (PME) et les 400 millions que Québec y a mis à son tour n'ont réussi qu'à conduire à la faillite 80 % de ceux qui se sont laissés prendre au piège, et tout ça en moins de deux ans après s'être embarqués dans cette aventure. Et c'est encore nous, toujours nous, qui devons payer pour ces bêtises. Moins de 10 % de ces entreprises survivent après dix ans.

Il serait plus pratique et plus rentable pour les sans-travail d'oublier les PME et d'investir leurs énergies et leur temps dans des *Entreprises mutuelles paroissiales*, des EMP, ou dans des *Entreprises coopératives paroissiales,* des ECP. Avec des EMP ou des ECP, qui appartiennent à tous les membres de chaque paroisse et qui produiraient des biens et services en échangeant entre eux des heures de travail pour répondre aux besoins des gens de chaque paroisse seulement, et non pour les commercialiser ; les taux de réussite financière et sociale seraient très élevés.

Comme les Québécois l'ont déjà fait pour mettre sur pied tout un réseau de caisses populaires avec une petite équipe de fondateurs dans chaque paroisse, les sans-travail peuvent répéter le même exploit en se donnant les mécanismes nécessaires pour développer une économie d'autosuffisance dans leur paroisse où ils sauraient s'employer eux-mêmes à assurer leur bien-être et celui de tous les membres de leur communauté paroissiale, en partageant entre eux leurs capacités, leurs talents et leur temps.

Il s'agit, au départ, de créer tout simplement un club ou une coopérative comme on le fait pour mettre sur pied des clubs de l'âge d'or. Le but premier : se créer ensemble des emplois, en s'échangeant des heures de travail inutilisées en attendant de trouver un emploi sur le marché du travail. Une fois l'organisme en place, planifier, avec ceux qui veulent travailler, un programme de création d'*Entreprises mutuelles paroissiales* pour mettre en valeur les capacités inutilisées dans le but d'améliorer le niveau de vie de la communauté, au lieu de les laisser se gaspiller et se perdre à ne rien faire en attendant de trouver un emploi.

Ensuite, les sociétaires peuvent compléter leur organisation en créant une banque pour déposer et échanger leurs chèques d'heures travaillées, un bureau d'emploi paroissial et un fonds mutuel paroissial pour financer la création et le fonctionnement des EMP, un fonds alimenté uniquement par les gens de chaque paroisse et n'acceptant de subvention d'aucun gouvernement.

Les sans-travail du Québec feraient une vraie révolution, une révolution pacifique et humanitaire avec les armes de leurs heures de travail. Pas pour enrichir quelques-uns mais pour enrichir tout le monde, une révolution au profit des plus démunis d'abord, comme le dit l'abbé Pierre.

III – Quelques adresses en France, en Suisse et en Belgique[3]

En France :

Coordination des SEL :
SEL'idarité, Canteratre, 09600 Montbel
(260 groupes en France, plus de 20 000 personnes).

Autoconstruction économique et écologique :
Bio-Lopin, 39570 Saint-Maur,
tél. : 03 84 44 23 92.

Finances alternatives :
La Nef, 46 rue de la Burge,
03160 Bourbon l'Archambault,
tél. : 04 70 67 18 50.

Covoiturages :
Auto-partage, 6 rue Saint-Jérôme, 69007 Lyon,
tél. : 04 78 72 99 96.
Clé de contact, 5 rue de Monchapet, 21000 Dijon,
tél. : 03 80 55 44 23.

Économies d'énergie :
CLER, comité de liaison des énergies renouvelables, 28 rue Basfroi, 75011 Paris, tél. : 01 46 59 04 44.

3. Cette annexe a été préparée par Michel Bernard, de la revue *Silence* (9 rue Dumenge, 69004 Lyon, France).

Formations sur la non-violence (dont la vie simple) :
Cun du Larzac, 12100 Millau,
tél. : 05 65 60 62 33.

Revues proches des idées de Gandhi :
Silence, 9 rue Dumenge, 69004 Lyon,
tél. : 04 78 39 55 33.
Non-violence Actualités, B.P. 241,
45202 Montargis cédex,
tél. : 02 38 93 67 22.
Réseaux Espérance, 98 Bd du Roc, 86000 Poitiers.
Alternatives Non Violentes, Les Pradelles,
C.P. 65, 13211 Ventraben, tél. : 04 42 28 72 25.

Quelques ouvrages à signaler :
Les bonnes adresses de la Bio 1998, Éditions Utovie,
40320 Bats (79 FF).
1 500 adresses de producteurs, transformateurs, marchés, fêtes, restaurants, magasins... en France, Belgique et Suisse.
Le guide des Alternatives, Éditions du Fraysse,
82230 Monclar de Quercy.
Le catalogue des ressources 1995,
Éditions Alternatives, 5 rue de Pontoise,
75005 Paris.
Les Éditions *Ostal del libre*, 32 cité Clair-Vive,
15000 Aurillac.
Publient quatre ouvrages : *Jouets de toujours*, *Jouets d'autrefois*, *Jouets rustiques*, *Jouets sonores*, qui expliquent comment faire des jouets avec des matériaux simples.

En Suisse:

Banques alternatives:
Banque alternative suisse, Lebengasse 17, CH 4601 Olten, tél.: 062 212 00 85.
Banque communautaire libre, Zielweg 60, CH 4143 Dornach, tél.: 061 701 58 00.

Covoiturage:
Copauto, 7 rue des Gares, CH 1201 Genève, tél.: 41 22 740 00 50.

Sessions de formation sur la simplicité volontaire:
Vivre autrement, 3 Bd James Fazy, CH 1201 Genève, tél.: 022 731 88 39.

En Belgique:

Banque alternative:
Triodos, rue des Brasseurs 115, 5000 Namur, tél.: 081 22 22 09.

Revues écolos publiant des articles sur le sujet:
Imagine, rue du Séminaire 8, Namur, tél.: 081 22 78 71.
Consommateur actif, Brabant-Écologie, Route de Rénipont 33, 1380 Ohain, tél.: 02 633 10 48.

Revue des SEL (on les appelle LET's en Belgique):
Trock en Stock, B.P. 19, 1020 Bruxelles 2, tél.: 02 478 86 42.

Les Éditions Écosociété
DE NOTRE CATALOGUE

L'écosophie ou la sagesse de la nature
Serge Mongeau

Envisager la nature comme un processus de vie dans lequel nous avons un rôle à jouer. Une exploration des voies pour y arriver.

ISBN 2-921561-06-9
16,95 $

Pour que demain soit
L'écologie sociale en action
Serge Mongeau

Comment parvenir à un monde meilleur ?

Se prendre en main au lieu d'attendre des solutions qui viennent d'en haut.

Un livre qui invite à mettre l'imagination au pouvoir.

ISBN 2-921561-03-4
16,95 $

Pour un pays sans armée
Ou comment assurer la sécurité nationale sans armée
Collectif sous la direction de Serge Mongeau

Une réflexion sur la défense d'un pays comme le nôtre ; un appel au bon sens.

ISBN 2-921561-00-X
16,95 $

La belle vie

Serge Mongeau

Les voies qui conduisent au bonheur : épanouissement personnel et harmonie avec la nature.

ISBN 2-921561-26-3

16,95 $

Moi, ma santé

Serge Mongeau

La santé repose sur des actions quotidiennes simples, à la fois personnelles et sociales, qui visent à renforcer les « piliers de la santé ».

ISBN 2-291561-20-4

16,95 $

L'écologie politique

Au-delà de l'environnementalisme

Dimitrios I. Roussopoulos

Pour s'y retrouver parmi les multiples défenseurs de l'écologie. L'auteur examine le développement de la crise environnementale et les réactions qu'elle a suscitées chez les gouvernants comme chez les simples citoyens.

ISBN 2-921561-18-2

16,95 $

Entre nous

Rebâtir nos communautés

Marcia Nozick

Il existe en Amérique du Nord des milliers de projets et d'initiatives communautaires qui pourraient changer bien des choses.

ISBN 2-921561-04-2

24,94 $

Deux roues, un avenir

Le vélo en ville

Claire Morissette

Les vertus insoupçonnées du vélo urbain.

Mille facettes de la pratique cycliste et écologiste : pédaler, c'est efficace et pédaler, ça compte !

ISBN 2-921561-14-X

19,95 $

Les carnets d'un militant

André Larivière

Une expérience du militantisme hors du commun qui témoigne de l'engagement de gens ordinaires qui ont décidé de réagir !

ISBN 2-921561-35-2

21,95 $

Pierre Kropotkine, prince anarchiste

George Woodcock et Ivan Avakumovic

Toute une vie d'aventures pour un homme d'une intelligence vigoureuse, sensible et bon qui nous lègue une œuvre scientifique et politique immense.

Du petit page du Tsar Alexandre II au révolutionnaire et écrivain pauvre, un parcours qui se lit comme un véritable roman.

ISBN 2-921561-34-4

29,95$

La lutte des exclus, un combat à refaire

Lorne Brown

L'histoire d'hier pour mieux se défendre aujourd'hui.

ISBN 2-921561-32-8

21,95$

Un peuple, un projet

Roger Julien

Une invitation à sortir de nos individualismes et de notre compétition malsaine.

ISBN 2-921561-31-X

16,95 $

La pensée en liberté

Collectif sous la direction de Serge Roy

Les meilleurs textes du *Q-Lotté*, témoignage de la pérennité de la pensée libertaire au Québec.

ISBN 2-921561-30-1

24,95 $

Éduquer. Pour la vie !

Charles E. Caouette

« Il est carrément inacceptable que ce soit à l'école que les jeunes perdent le goût d'apprendre et de se développer, qu'ils y perdent surtout la confiance en eux-mêmes, en leurs ressources et en l'avanir. »

ISBN 2-921561-36-0

16,95 $

Art, nature et société

John K. Grande

« Une importante contribution à la théorie de l'art » Claude Levi-Strauss.

Quand l'artiste s'engage à travers ses œuvres.

ISBN 2-921561-33-6

24,95 $

Faites circuler nos livres.

Discutez-en avec d'autres personnes.

Inscrivez-vous à notre Club du Livre.

Si vous avez des commentaires, faites-les-nous parvenir ; il nous fera plaisir de les communiquer aux auteurs et à notre comité de rédaction.

Les Éditions Écosociété
C.P. 32 052, succursale Les Atriums
Montréal (Québec)
H2L 4Y5